NICOLE QUINT / THOMAS SCHNEIDER

Basel *lädt ins Dreiländereck*

66 LIEBLINGSPLÄTZE
und 11 Spezialitäten

NICOLE QUINT / THOMAS SCHNEIDER

Basel *lädt ins Dreiländereck*

BEI GALGENFISCHERN, GLASMALERN UND GOLDWÄSCHERN

GMEINER

Literaturverzeichnis:
17: Gustav Küry, »Der Ryyhaafe«, 1957, in: *Hymnen und Helge vom Ryy: Der Rhein bei Basel im Künstlerbild und Dichterwort seit Johann Peter Hebel*, Beat Trachsler, Basel: GS-Verlag 1988.
27: Jean Tinguely, Manifest *Für Statik*, Düsseldorf: 1959.
33: Christian Morgenstern: »Der Salm«, in: *Palmström / Melencolia*, Berliner Ausgabe, Edition Holzinger 2013.
109: Ludwig Uhland: »Metzelsuppenlied«, in: *Gedichte*. Wohlfeile Ausgabe, Stuttgart und Tübingen: Cotta, 1854_3.

Bildverzeichnis:
Mit Ausnahme der Bilder von Nicole Quint (Seiten 28, 30, 32, 52, 118, 166, 174 und 182) stammen alle Fotos im Innenteil von Thomas Schneider (www.bildbaendiger.de).

Im Ehnried 5, 88605 Meßkirch
Telefon 07575/2095-0
info@gmeiner-verlag.de

1. Auflage 2014

Lektorat / Korrektorat: Claudia Reinert
Satz: Julia Franze
Bildbearbeitung / Umschlaggestaltung: Alexander Somogyi
unter Verwendung eines Fotos von Thomas Schneider:
Basilisken-Statue vor dem Tierpark Lange Erlen
Kartendesign: Mirjam Hecht
Druck: AZ Druck und Datentechnik GmbH, Kempten
Printed in Germany
ISBN 978-3-8392-1630-9

BASEL-STADT

OBERES ELSASS (HAUT-RHIN)

SÜDBADEN

NORDWESTSCHWEIZ

RENDEZVOUS AM RHEIN

Vorwort

Basel liegt da, wo der Rhein die Biege macht und nicht mehr von Ost nach West, sondern von Süd nach Nord fließt. Mit den Stadtteilen Großbasel am linken und Kleinbasel am rechten Ufer geht es für den Fluss genau ab durch die Mitte. Im Mittelpunkt steht er sowieso, denn die Basler wissen, was sie an ihrem Rhein haben. Er ist ihnen Freibad, Warentransporteur und Fernwehauslöser. Im Rheinhafen kapern uns Träume von Frachtschiffreisen nach Rotterdam und man kann die Nordsee dort sogar beinahe riechen. Wetten? Mit der Sehnsucht nach anderen Welten lässt sich in Basel aber bestens leben. Eine Mittagspause reicht locker, um mal eben drei Länder zu durchqueren – kurz den Wollschweinen im Basler Tierpark Lange Erlen guten Tag gesagt, steht man ein paar Schritte weiter schon auf deutscher Seite im Dreiländergarten in Weil am Rhein, von wo die Dreiländerbrücke einen weiten Bogen spannt, hinein ins elsässische Huningue. Eine Drehung genügt und man kann an klaren Tagen Jura, Vogesen und Schwarzwald an sich vorbeiziehen lassen. Wahlweise darf man sich also im Kulturmekka der Schweiz, im sonnigen Süden Deutschlands oder im französischen Naturparadies fühlen und ist doch immer im Herzen Europas.

Der Basler kann also gar nicht anders, er kommt als Kosmopolit auf die Welt, weil die geografische Lage seiner Stadt und ihr internationales Flair ihm Offenheit, Toleranz und ein gewinnendes Wesen schenkt. Behaupten kann ich viel, meinen Sie? Wenn der Bebbi, so nennt der Basler sich selbst, wenn der Bebbi etwas richtig lieb gewonnen hat, dann schrumpft er es auf die Verkleinerungsform und hängt ein -li an. Aus Tram wird beispielsweise Trämli und aus Döner eben ein Dönerli. Wenn das kein Beweis ist für kulturelle Aufgeschlossenheit und gelungene Integration. Man rückte im Dreiländereck eben schon immer dichter zusammen und hatte das Gefühl, nicht über den Grenz-, sondern über den Gartenzaun zu gucken. Über eine jahrhundertealte gemeinsame Geschichte können das Dreiländermuseum in Lörrach und die einst elsässischen Eidgenossen von Mulhouse erzählen. Eine Region, deren Grenzen mittendurch und nicht außen herum verlaufen, die ist eben etwas ganz Besonderes. Wir zeigen es Ihnen! Mulhouse und der Sundgau, das Markgräfler Land und die beiden Kantone Basel-Stadt und Basel-Land sind unsere Schwerpunkte, denn wir haben bei der Auswahl der Lieblingsplätze auch darauf geachtet, dass alle Orte vom Ausgangspunkt Basel aus gut zu erreichen sind, und das auch ohne Auto. Mit den TriRegio-Tickets der kooperierenden Verkehrsverbünde sind grenzüberschreitende Fahrten wunderbar einfach (www.triregio.info). Hüpfen Sie also von Land zu Land, probieren eine Prise Schweiz in den Rheinsalinen, jagen als Libellen-Paparazzi durch die Petite Camargue und versuchen bei Istein Ihr Glück als Rheingoldwäscher. Anschließend lösen Sie die Rätsel, wie Südamerika nach Südbaden, Basel an einen Zwergen-Züchter und ein Hotel ins Gefängnis kam. Ölmüller, Fährmänner, Glasmaler und Galgenfischer freuen sich auf Ihren Besuch, und Müll-, Henker- und Froschmuseen warten darauf, Sie mit ihren skurrilen Sammlungen zu überraschen.

Und wo bitte bleiben die »drey scheenschte Dääg«? Natürlich, Basels Fasnacht ist legendär. Vom Essen zu erzählen, macht allerdings nicht satt, und von einer Fasnacht zu lesen, nicht fröhlich. Unsere Empfehlung: Reisen Sie unbedingt persönlich zum *Morgestraich*. Wir können hier nur Ihre Vorfreude darauf steigern und Sie mitnehmen in das Larvenatelier von Roman Peter, einem der bekanntesten Fasnachtsmasken-Hersteller der Stadt.

Viel Vergnügen bei der Lektüre dieses Buches und herzlich willkommen im Dreiland: »Hallo, Grüezi und Salut!«

Nicole Quint und Thomas Schneider

BASEL-STADT

DREILÄNDERECK /// AN DER HAFENMOLE AM ENDE DES WESTQUAIS
IN KLEINHÜNINGEN /// 4057 BASEL ///
INTERESSENGEMEINSCHAFT RHEINBOGEN /// MÜLLHEIMERSTRASSE 77 ///
4057 BASEL /// 00 41 / 0 78 / 713 70 66 /// WWW.RHEINBOGEN.CH ///

R(H)EIN NACH EUROPA

Dreiländereck

1

Flüsse können Güter tragen, Vater Rhein kann noch ein bisschen mehr. Als multinationaler Strom fließt er durch vier Länder, versorgt Millionen Menschen mit Trink- und Waschwasser, mit Energie, mit romantischem Liedgut und Heldensagen. Der Rhein transportiert außerdem Flusskreuzfahrer und Ideen. Die Idee von einer gemeinsamen europäischen Identität zum Beispiel.

Auf seinem 1.238 Kilometer langen Weg vom Tomasee in den Schweizer Alpen bis zur niederländischen Nordsee wird diese Idee nirgends so deutlich wie im Dreiländereck am südlichen Oberrhein. Wo Deutschland, Frankreich und die Schweiz aufeinandertreffen, wird Europa zum Praxisfall. »In dubio pro regio«, lautet deshalb auch die Losung bei Baslern, Elsässern und Südbadenern. Echte Zweifel an der Region kommen allerdings selten auf, denn Europa funktioniert hier – tatsächlich. Geprägt durch eine gemeinsame Geschichte kooperieren die An-Rheiner in vielen Kultur-, Wirtschafts- und Gesellschaftsprojekten und sind stolz auf ihre Gemeinschaft. Das soll vermutlich auch das Dreiländereck-Denkmal im Basler Rheinhafen Kleinhüningen zum Ausdruck bringen. Der raketenähnliche Metallpylon ist aber bloß eine leidlich dekorative Nebensache. Wichtiger sind die Menschen auf der Aussichtsterrasse. Sie machen den Ort zu etwas Besonderem und geben Europa ein Gesicht. Deutsche Lkw-Fahrer in der Mittagspause, französische Tagesausflügler und Basler Spaziergänger. Sie schauen hinüber auf die elsässische Kleinstadt Huningue, auf den weiten Bogen der Dreiländerbrücke, die ins deutsche Weil am Rhein führt, und auf Kräne, Silos und Container-Berge im Basler Hafen. Es sind Menschen aus drei Nationen, die hier enger zusammenleben als anderswo, auch weil der Rhein ihre Länder nicht trennt. Er verbindet sie und bringt so der europäischen Idee das Schwimmen bei.

Länder-Hüpfen: Immer sonntags ist eine solarbetriebene Fähre im Dreiländereck zwischen Basel, Weil am Rhein und Huningue im Einsatz. www.rheinbogen.ch

HAFEN BASEL-KLEINHÜNINGEN /// HOCHBERGERSTRASSE 160 ///
4057 BASEL /// 00 41 / 0 61 / 639 95 95 /// WWW.PORTOFBASEL.CH ///

AUSSTELLUNG VERKEHRSDREHSCHEIBE SCHWEIZ UND UNSER
WEG ZUM MEER /// WESTQUAISTRASSE 2 /// 4019 BASEL ///
00 41 / 0 61 / 631 42 62 /// WWW.VERKEHRSDREHSCHEIBE.CH ///

UMSCHLAGPLATZ FÜR SEHNSÜCHTE

Schweizerische Rheinhäfen

2

Rhein und Romantik – in der Vorstellung vieler Menschen gehört das zusammen wie Vanilleeis mit heißen Kirschen oder Statler und Waldorf, die beiden Alten aus der Muppet-Show. Burgen und Schlösser auf wilden Felsen, Sagen vom Rheingold und von der Loreley, und dann erst all die großartigen Häfen. Ja, ich kann Kaianlagen, Verladekränen, Lagerhallen, Lastwagen und rangierenden Güterzügen tatsächlich Romantik abgewinnen. Ich bin im niederrheinischen Duisburg aufgewachsen, am größten Binnenhafen Europas, und schipperte in meinen Kinderträumen mit holländischen Kapitänen auf deren Frachtschiffen rheinabwärts zum Meer. Häfen sind Sehnsuchtsorte für mich geblieben, und die besondere Wirkung, die Basel auf mich hat, liegt natürlich auch am Rhein und am Hafen in Kleinhüningen. Gemeinsam mit den beiden anderen Hafenteilen in Birsfelden und Muttenz bildet er den einzigen Hafen der Schweiz.

»Das wuuseled, das däbbeled, / das dribbeled, das dräbbelet,
das isch e flyssig Lääbe, / stolz fliesst der Ryy em Norde zue:
mir gfallt s, jetz haan i z schaffe, z due, / und frai mit draa dernääbe!«,

dichtete Gustav Küry 1957 über Basels Hafen. Während einer Hafenführung oder einer Schiffstour durch die Anlage können sich Besucher vom heutigen Betrieb ein Bild machen. Einen schönen Überblick bietet der von Architekt Hans Bernoulli entworfene Silo, auch Getreidekathedrale genannt. Von seiner Aussichtsterrasse schaut man über den Hafen mit seinen Containerstapeln, Kränen, Gleisen, Schrottbergen und Zollbooten auf die vielen Ausflugsdampfer, die schäumende Schleppen hinter sich herziehen und den Rhein in ein gigantisches Spülwasserbecken verwandeln, und auf die Frachtschiffe, die Richtung Rotterdam und Nijmegen auslaufen. Bei klarem Wetter reicht die Fernsicht von der Terrasse sogar weit ins Dreiland bis zum Sundgauer Hügelland und zur Jurakette.

Zu den Highlights der Ausstellung *Verkehrsdrehscheibe Schweiz* zählen historische Modelle und eine Fahrt mit dem Schiffsführungssimulator.

TIERPARK LANGE ERLEN /// ERLENPARKWEG 110 /// 4058 BASEL ///
00 41 / 0 61 / 681 43 44 /// WWW.ERLEN-VEREIN.CH ///

DAS SCHWEINE-SPA

Tierpark Lange Erlen

3

Curly Eight statt *Big Five*! Wenn ich die »großen Fünf« – Elefant, Nashorn, Büffel, Löwe und Leopard – unbedingt live sehen möchte, fahre ich nach Afrika. Der Weg zu den »lockigen Acht« ist hingegen angenehm kurz. Von ihren lockig-krausen Borsten ist gerade aber nicht viel zu sehen. Unter einer dicken Schlammpackung versteckt, liegen sie dicht beieinander in der Sonne und lassen außer einem wohligen Grunzen nichts von sich hören – die acht Wollschweine im Tierpark Lange Erlen. Nach dem Schlammschlaf stehen bei ihnen als nächstes Wasserspiele auf dem Programm. Im eleganten Galopp tragen sie ihre massigen Körper ins Wasser, planschen, spritzen und sausen durchs Nass, bis es Zeit ist, sich unter dem alten Kastanienbaum eine neue Kuhle zu buddeln.

Statt mit Bildern von Senioren in weißen Bademänteln oder moorbadender Schönheiten sollten Kurhotel-Direktoren und Leiter von Wellness-Zentren ernsthaft überlegen, mit Bildern vom Rund-um-Wohlfühlprogramm schlammiger Wollschweine zu werben. Eine neue Kundin hätten sie garantiert, denn einen ähnlich tiefen Ausdruck von Entspannung habe ich sonst nur bei indischen Sadhus gesehen.

Wollschweine gehören ebenso wie Bündner Strahlenziege, Appenzeller Barthuhn, Diepholzer Gans und Poitou-Esel zu den vom Aussterben bewahrten Nutztierrassen, denen der Tierpark Lange Erlen ein Zuhause bietet. Exotische Tiere findet man hier nicht, stattdessen Enten, Gänse, Hühner, Kaninchen, Ziegen und viele Störche, die im Sommer auf ihren Nestern stehen und in Stereo klappern. Einen Streichelzoo erspart der Tierpark Lange Erlen seinen Tieren. Wollschweine mögen es aber, gekrault zu werden, und holen sich gelegentlich über den Zaun hinweg sanfte Massagen bei ihren Besuchern ab. Zehn Minuten Schweine-Streicheln steigert das Wohlbefinden bei Tier und Menschen. Probieren Sie es aus!

Wer nach dem Besuch bei den *Curly Eight* keine Lust auf Fleisch hat, findet im Restaurant *tibits* lauter vegetarische und vegane Leckerbissen, Stänzlergasse 4, www.tibits.ch

RESTAURANT SCHAFECK /// SCHAFGÄSSLEIN 7 /// 4058 BASEL ///
00 41 / 0 61 / 681 12 98 ///

VOLKSHAUS BASEL /// REBGASSE 12 – 14 /// 4058 BASEL ///
00 41 / 0 61 / 690 93 00 /// WWW.VOLKSHAUS-BASEL.CH ///
WWW.CHARIVARI.CH ///

DER FONDUE-LIFT

Restaurant Schafeck

4

Ein Haus wie ein Stoppschild. »Nicht weitergehen«, sagt der grobe Besenwurfverputz des Eckhauses, sagt das auffällige Fachwerk der Dachgaube und sagen die tannengrünen Fensterläden, geöffnet wie weit ausgebreitete Arme, um aus vorbeieilenden Passanten einkehrende Gäste zu machen. Willkommen im Restaurant Schafeck. Draußen Stoppschild, drinnen Stopptaste. Die muss jemand vor 50 Jahren gedrückt haben, damit Zeitgeist und Atmosphäre der guten Stube bewahrt bleiben. Sechs Tische, honigfarbenes Kneipengestühl, dunkle Dielen und an den Wänden Urkunden, Spruchtafeln, Fotos und ein holzgeschnitztes Schaf. »Das hing schon dort, als meine Großmutter das Schafeck 1928 übernommen hat«, erzählt Wirtin Georgette Hunziker. So lange ist die Beiz bereits in Familienbesitz, ihre Geschichte reicht jedoch noch viel weiter zurück.

Erbaut wurde die Liegenschaft um 1350. Die erste Gastwirtschaft wurde darin 1474 eröffnet, sodass Georgettes Vater, Fritz Hunziker, im Jahr 1974 das 500-jährige Beiz-Jubiläum begehen konnte. Ein halbes Jahrtausend Kleinbasler Lokaltradition wurde gefeiert, indem man einen weiteren Brauch begründete und im Schafeck die Vorfasnachtsveranstaltung Charivari ins Leben rief. Die hatte zwei Jahre später im nahe gelegenen Volkshaus Premiere und ist mittlerweile aus Kleinbasel ebenso wenig wegzudenken wie das Schafeck. Die Stammgäste danken es. Kurz nach Öffnung um 11 Uhr sind alle da, die immer da sind. Rustikale Gestalten, die sich nicht in Szene-Bars locken lassen, lieber beim Bierchen plaudern und sich Georgette Hunzikers legendäres Käse-Fondue servieren lassen, eine Spezialmischung nach Geheimrezept. Weil die Küche sich im ersten Stock des Hauses befindet, kommt das Fondue per Lift, einer altertümlichen Holzkonstruktion, die durch eine Luke in der Decke hinabgelassen wird. Wo sonst gibt es das außer in Basels »letscht alt Baizli«?

Liebhaber der Basler Fasnacht und solche, die es werden wollen, können sich auf die »drey scheenschte Dääg« beim Glaibasler Charivari im Volkshaus einstimmen.

GOTTES WERK UND BASELS BEITRAG

Schlebach AG

5

»Was soll aus dem Jungen nur werden?« Diese Frage haben sich Stefan Freiermuths Eltern vermutlich nicht gestellt. Ihr Sohn hat nämlich schon früh erkennen lassen, wofür er sich begeistert. Dass er mit seiner Arbeit aber sogar dem Pontifex in den Ohren liegen würde, war nicht zu erwarten.

Seine Hände verraten ihn. Wenn Stefan Freiermuth nicht gerade bohrt, schleift, spannt, nachzieht oder montiert, schlägt er mit der flachen Hand gegen seine Oberschenkel, klopft Rhythmen auf Tischplatten und Stuhllehnen. Freiermuth ist Trommelbauer und mit gerade einmal 24 Jahren bereits Geschäftsführer der traditionsreichen Basler Schlebach AG. Als Siebenjähriger hat er die Schlägel zum ersten Mal in die Hand genommen und damit seine Trommelkarriere gestartet. Nach zahlreichen Siegen bei Musik- und Tambourenwettbewerben bildet der »Basler Drummelkeenig« nun selbst Jungtambouren aus, baut und verkauft die Instrumente, denen er den größten Teil seines Lebens widmet. In Basel ist er mit seiner Leidenschaft nicht allein. An die 3.000 Trommler leben hier und nehmen die Dienste der Schlebach AG in Anspruch, um Felle ersetzen oder Instrumente schränken, das heißt nachspannen zu lassen. Rund 200 Trommeln baut Stefan Freiermuth gemeinsam mit Peter Ammann und René Vögelin jährlich neu. Zunftanlässe, Fasnacht und Schützenfeste halten den Bedarf aufrecht, und die Trommler der Schweizer Armee wollen ebenfalls ausgerüstet sein.

Good vibrations braucht es aber auch im Vatikan. Dass die Schweizer Garde dem Papst den Marsch trommelt, hat Tradition, dass sie dies mit Trommeln aus Kleinbasel tut, ist relativ neu. 2006 durfte die Schlebach AG bereits die gewöhnlichen Alu-Trommeln der Gardisten von Benedikt XVI. durch Buchentrommeln ersetzen, die das päpstliche Wappen tragen. Ihre Arbeit gefiel, und so wirbeln Trommeln aus Basel nun auch für Papst Franziskus in Rom.

Bei einer Betriebsbesichtigung erklärt Stefan Freiermuth seinen Besuchern, wie man Trommeln baut und diese ihren unverwechselbaren Klang erhalten.

CONFISERIE BRÄNDLI AG /// BARFÜSSERPLATZ 20 /// 4051 BASEL ///
00 41 / 0 61 / 261 70 33 /// WWW.BRAENDLI-BASEL.CH ///

LÄCKERLI HUUS /// GERBERGASSE 57 /// 4001 BASEL ///
00 41 / 0 61 / 260 00 60 /// WWW.LAECKERLI-HUUS.CH ///

VIER ECKEN ZUM SCHLECKEN

Basler Läckerli

1/11

Den Molukken sei Dank! Ohne die indonesische Inselgruppe keine Basler Gebäck-Ikone. Wieso? Nehmen Sie Anlauf beim Lesen der folgenden Erklärung, dann kommen Sie in einem Rutsch durch. Läge Basel nicht am Rhein, wären keine Handelsschiffe in die Stadt gelangt, voll beladen mit Gewürzen, welche die niederländische Ostindien-Kompanie von den Molukken nach Europa brachten und dort in den Klosterbäckereien die einfachen Honigkuchen mit Nelken, Muskatnuss und Zimt aufpeppten. Am Ende dieser Kausalkette zergeht ein würzig-süßes Kultgebäck im Mund – das Basler Läckerli.

Honig, Mandeln, Haselnüsse, Orangeat, Zitronat, Molukken-Gewürze und Baselbieter Kirsch – diese Zutaten werden zu einem Teig vermengt und flach ausgerollt. Nach dem Backen noch mit dünnen Zuckergusswölkchen ein Marmormuster über das Gebäck legen, das schließlich in kleine, rechteckige Stücke geschnitten wird, und ab in die Tüte oder besser in die Dose. Dorthinein kann man ein Apfelstück geben, das die recht harten Läckerli weicher werden lässt. Ursprünglich wurden sie als Neujahrsgebäck zu einem Glas Hypokras (Gewürzwein) gegessen. Später dann entwickelten sie sich zum Ganzjahresnaschwerk und waren so begehrt, dass sich selbst übrig gebliebene Läckerli-Krümel für ein paar Rappen an Schulkinder verkaufen ließen.

Anfang des 20. Jahrhunderts produzierten mehr als zwei Dutzend Fabriken Basler Läckerli. Beliebt sind die rechteckigen Gaumenfreuden bis heute, hergestellt werden sie jedoch nur noch in wenigen Großbetrieben und einigen Quartierbäckereien. Die Basler wissen natürlich, wo es die würzigeren Läckerli gibt, wo die locker-luftigen und wo die, bei denen auch der Härtegrad ist, wie er sein soll. Reine Geschmacksfrage. Wenn es das Leben besonders gut mit einem meint, schenkt einem ein Basler Freund Läckerli, die nach altem Familienrezept selbst gebacken wurden.

Bitte nicht ins Basler Läckerli beißen. Völlig entfalten kann sich das Aroma nur, wenn man ein Stück abbricht und es im Mund zergehen lässt.

MUSEUM TINGUELY /// PAUL SACHER-ANLAGE 2 /// 4002 BASEL ///
00 41 / 0 61 / 681 93 20 /// WWW.TINGUELY.CH ///
RESTAURANT »CHEZ JEANNOT« /// PAUL SACHER-ANLAGE 1 ///
4058 BASEL /// 00 41 / 0 61 / 688 94 58 /// WWW.CHEZJEANNOT.CH ///

DER BEWEGTE BRUNNEN

Schwimmwasserplastik Fontaine

6

Das Wasser sprüht Funken. Raketengleich schießt es gen Himmel, wirbelt als silbrig glitzernde Strahlen umher und fällt im rostroten Licht der untergehenden Sonne als zartes Dunstgespinst wieder herab. Jeder Tropfen schenkt Poesie, der heute Abend nur ich und ein Amselpaar lauschen dürfen. Wir sind die einzigen Besucher im Vorgarten des Museums Jean Tinguely und lassen uns von *Fontaine*, einer Schwimmwasserskulptur Tinguelys, ein wenig nass spritzen.

Elegant sieht sie aus, diese Plastik – eine Maschine aus schwarz gestrichenen Metallrädern, Elektromotoren, Düsen und Schläuchen. Die Räder drehen sich in verschiedenen Geschwindigkeiten. Auf- und absteigende, rotierende und wogende Schläuche schleudern, spritzen, spucken und sprühen das Wasser in alle Richtungen. Feiner Tropfennebel flimmert und nieselt langsam ins Brunnenbecken, in dem die beiden Amseln gerade ein Bad nehmen. Das Perlen, Plätschern und Sprudeln übertönt den Lärm der nahe gelegenen Straße. Klang und Bewegung der Kunstmaschine wirken auf mich wie spirituelle Entspannungstechniken auf buddhistische Zen-Meister, sie machen gelassen, heiter und glücklich. Solange sich der Brunnen bewegt, funktioniert auch diese mechanische Meditation. »Atmet tief, lebt im Jetzt, lebt auf und in der Zeit«, hatte Jean Tinguely 1959 in seinem Manifest *Für Statik* geraten, und mit seiner Fontaine einen idealen Helfer zur Umsetzung seines Ratschlags geschaffen.

Mittlerweile ist die Spritzwasserplastik zu einem Wahrzeichen für das 1996 eröffnete Museum Jean Tinguely geworden. Basels berühmtester Brunnen ist aber wohl ein anderes Werk Tinguelys, der Fasnachts-Brunnen auf dem Theatervorplatz. Seine Wasserspiele sind imposanter als die der *Fontaine*, doch er hat einen entscheidenden Nachteil: Man hat ihn selten ganz für sich allein.

Nach Kunst im Museum gibt es kreative Küche im Restaurant *chez Jeannot*, wo man umgeben von Bildern und Grafiken Tinguelys speisen kann.

FRIEDHOF AM HÖRNLI /// HÖRNLIALLEE 70 /// 4125 RIEHEN ///
00 41 / 0 61 / 605 21 00 /// WWW.STADTGAERTNEREI.BS.CH ///

SAMMLUNG FRIEDHOF AM HÖRNLI SCHWEIZER MUSEUM
FÜR SEPULKRALKULTUR /// HÖRNLIALLEE 70 /// 4125 RIEHEN ///
00 41 / 0 61 / 601 50 68 /// WWW.SAMMLUNGHOERNLI.CH ///

WAS BLEIBT

Friedhof am Hörnli mit Schweizer Museum für Sepulkralkultur

7

Wenn der Alltag mir zu nahetritt, lasse ich ihn stehen und gehe auf den Friedhof. Da ist niemand, der Unterschriften sammelt, keine Skateboarder, keine Eisverkäufer, keine Straßenmusiker und keine Flyer-Verteiler. Frei von jeglicher Erlebnis- und Einkaufskultur kann ich meine Überforderung kurz hinter dem Friedhofstor in Geruhsamkeit eintauschen. In Basel ist der Friedhof am Hörnli ein perfekter Fluchtort vor allzu großer Lebendigkeit. Wer hierherkommt, hat es meist nicht eilig. Der Anblick von Parkbänken, Gießkannen, viel Schmiedeeisernem und noch mehr Steinernem wirkt entschleunigend. »Diese Grabstätte können Sie kaufen«, steht auf einem Schild. Mit der Erinnerung an die eigene Sterblichkeit weist es die Belanglosigkeit des Alltags noch weiter zurück.

Ganze Tage ließen sich an diesem Ort verbringen, ohne dass man jedes der rund 40.000 Gräber auf dem größten Gottesacker der Schweiz besucht hätte. Gräber mit kleinen, schlichten Steinen oder Gräber geschmückt mit Posaunen blasenden Engeln, mit bunten Windrädern und auffliegenden Kranichen – eine Galerie der Trauer. Was bleibt, wenn diese Gräber eingeebnet werden? Peter Galler, ehemaliger Bestatter auf dem Friedhof am Hörnli, hat in seinen rund 40 Berufsjahren das Übriggebliebene zusammengetragen und auf dem Friedhofsgelände das Schweizer Museum für Sepulkralkultur eingerichtet. Urnen, Särge, Kreuze, Trauerschmuck und Leichenwagen hat er vor der Entsorgung gerettet. Heute erzählen sie die Geschichte unserer Bestattungs- und Trauerkultur. Galler hat aber aus der Krematoriumsasche auch Gelenkpfannen, Knochenschrauben, Hüftprothesen und Herzschrittmacher gezogen, das bleibt ebenfalls, so wie die zu Gedenkbildern geflochtenen Haare der Toten und wie der Sargbeschlag, auf dem in goldenen Buchstaben steht: »Wiedersehn«.

Ein weiterer Fluchtort ist die älteste weitgehend erhaltene Begräbnisstätte Basels, der 1872 eingeweihte Wolfgottesacker. www.stadtgaertnerei.bs.ch

FISCHERGALGEN AN BASELS UFERN DES RHEINS ///
WWW.BASLER-GALGENFISCHER.CH ///
WWW.FISCHERNZUNFT-BASEL.CH ///

SALM ODER NICHT SALM?

Fischergalgen

8

In Basel heißt der Lachs nur manchmal Lachs, manchmal aber auch Salm. Keine Bange, der Namensunterschied stürzt nicht den Fisch in eine Identitätskrise, sondern Laien wie mich in Verwirrung.

Schwere Fische mit hohem Fettanteil heißen Salm, sind besonders zart und eine Delikatesse. Magere Leichtgewichte tragen nur den Gattungsnamen Lachs, kämen aber auch auf den Teller, wenn sie sich denn heute noch fangen ließen. Rheinregulierungen, Kraftwerksbauten und Gewässerverschmutzung haben den Lachs jedoch aus Basel verbannt. Von dem Sensationsfang eines einzelnen Lachsweibchens 2008 und zwei im Jahr 2012 bei Rheinfelden gesichteten Exemplaren abgesehen, zeigten Wiederansiedlungsprojekte bislang keinen Erfolg. Gefischt wird dennoch an Basels Rheinufern – mit der Rute oder mit dem Galgen. Glücklich, wer einen solchen Fischergalgen hat, mit dem sich ein Netz ins Wasser versenken und wieder heben lässt. Noch glücklicher, wer einen Galgen samt Häuschen besitzt. Darin sitzt der Hobby-Fischer, ist wind- und wettergeschützt, und frönt einer nostalgischen Fangmethode. Über eine Winde im Hütteninnern wird der Ausleger mit dem Fischernetz über den Fluss geschwenkt, ins Wasser gefahren und schließlich wieder hochgezogen, mit Barben, Bachforellen und Rotaugen darin, seltener mit Barschen und Zandern.

Vor allem im 19. Jahrhundert wurden viele Fischergalgen am Hochrhein zwischen Laufenburg und Basel errichtet. Rund 50 sind heute noch an der Rheinpromenade zu finden. Von einem der stolzen Besitzer habe ich übrigens erfahren, wie Gewicht- und Namensunterschied beim Lachs zustande kommen: Als gut genährter Salm macht er sich im Spätherbst auf den Weg von der Nordsee zu seinem Laichplatz am Oberlauf eines Flusses und wird während seiner Wanderschaft zum Lachs, weil er im Süßwasser streng fastet und selbst schmackhafteste Köder verschmäht.

Besonders malerisch präsentieren sich einige Fischergalgenhäuschen gegenüber der Kraftwerksinsel Birsfelden und dem Naherholungsgebiet Birsköpfli.

RESTAURANT FISCHERSTUBE /// RHEINGASSE 45 /// 4058 BASEL ///
00 41 / 0 61 / 692 92 00 /// WWW.RESTAURANT-FISCHERSTUBE.CH ///
RESTAURANT CAFÉ SPITZ /// RHEINGASSE 2 /// 4058 BASEL ///
00 41 / 0 61 / 685 11 00 /// WWW.HOTELMERIANBASEL.CH ///

DER VERSCHWUNDENE FISCH

Salm nach Basler Art

2/11

Der Salm
Ein Rheinsalm schwamm den Rhein bis in die Schweiz hinein.
Und sprang den Oberlauf von Fall zu Fall hinauf.
Er war schon weißgottwo, doch eines Tages – oh! –
da kam er an ein Wehr: das maß zwölf Fuß und mehr!
Zehn Fuß – die sprang er gut! Doch hier zerbrach sein Mut.
Drei Wochen stand der Salm am Fuß der Wasser-Alm.
Und kehrte schließlich stumm nach Deutsch- und Holland um.
Christian Morgenstern

Ein Lachs, der es heute bis nach Basel schafft, ist ein wahrer Herkules unter den Fischen. Mehrere Flusskraftwerke, die noch nicht über Fischpässe verfügen, verhindern die Rückkehr in seine angestammten Laichgebiete. Nur besonders wagemutige Lachse lassen sich vom Sog der Schiffsschrauben mitziehen, durch Schleusen und an Staustufen vorbei. Drei Heroen kamen bislang nachweislich durch – drei von Tausenden im Rhein ausgesetzten Jungfischen, mit denen der Lachs wieder in der Schweiz angesiedelt werden soll. »Lachs come back« wünscht man sich auch in Basel, wo der Fisch jahrhundertelang in großen Mengen gefangen wurde, schließlich war der Rhein einst der größte Lachsfluss Europas, und die Tradition der Salmfischerei reichte zurück bis in die Zeit der Römer. Seit mehr als 50 Jahren kam jedoch kein in Basel gefangener Lachs mehr auf die Teller.

Der Fisch ist verschwunden, das typische Rezept seiner Zubereitung aber hat überlebt. So wird heute zwar kein Basler Salm mehr serviert, stattdessen aber Salm nach Basler Art. In Zitronensaft gesäuert, gewürzt mit Salz und Pfeffer und in Mehl gewendet, werden die Salmfilets gebraten. Entscheidend sind jedoch die goldgelb gerösteten Zwiebelringe, die mit einer klaren Soße über den Fisch gegeben werden. Darauf noch Dill gestreut und mit Salzkartoffeln serviert. »En Guete mitenand!«

Erstklassige Fischgerichte bieten die rustikale Fischerstube in der Kleinbasler Altstadt und das Restaurant Café Spitz im Hotel Merian mit Blick auf den Rhein.

BASILISKEN-BRUNNEN AN DER KREUZUNG OBERER RHEINWEG UND REVERENZGÄSSLEIN

KLEINER KÖNIG

Basilisken-Brunnen

9

Giftspritzenblick, furchterregende Körperformen und ein Atem, gegen den selbst das stärkste Mundwasser nichts auszurichten vermag – alles keine Hindernisse, um in Basel einen Schönheitswettbewerb zu gewinnen.

Auch Brunnen mussten in Basel hohen ästhetischen Ansprüchen genügen. Was da ab 1883 auf dem Trottoir stand, gefiel den meisten Bürgern nicht besonders. Zu bescheiden kamen die neuen Serienmodelle daher, bei denen das Wasser aus einer schlichten Säule strömte. Einen flugs ausgeschriebenen Wettbewerb gewann der Architekt Wilhelm Bubeck. Der setzte eine gusseiserne Schale auf einen filigranen Sockel und brachte zusätzlich noch ein Trinkschälchen für Hunde an. Auch nicht gerade spektakulär, doch der Clou ist der Brunnenaufbau. Am Beckenrand hockt ein kleiner Wasser speiender Bronze-Basilisk mit ausgebreiteten Flügeln. Fabeltier schlägt schlichte Funktionalität. Warum aber ausgerechnet dieses Mischwesen mit der zwielichtigen Herkunft?

Ein Basilisk – halb Hahn, halb Drache – kann laut Legende nur aus einem Ei schlüpfen, das von einem Hahn gelegt und von einer Schlange ausgebrütet wurde. Sein giftiger Atem tötet jeden. Sein Blick lässt versteinern, und unter seinen Füßen verdorrt alles Gras. Kein großes, aber ein sehr mächtiges Ungeheuer also, dem die Griechen den Namen »basiliskos« gaben – kleiner König. Sollen andere Städte sich ruhig durch die immer gleichen Löwen, Stiere oder Bären repräsentieren lassen, werden sich die Basler gedacht haben, als sie den Basilisk Mitte des 15. Jahrhunderts erstmals zum Schildhalter ihres Stadtwappens erkoren. Ein königlicher Schutzpatron, der die Feinde mit bloßem Blick aus der Distanz zu töten vermag, ist doch viel praktischer. So schaffte es der Basilisk später noch auf Münzen, Brücken, Brunnen und in die Herzen der Basler, die ihre Clubs, Firmen und Radiosender nach ihm benennen.

28 dieser fabelhaften Brunnen-Schönheiten sind in Basel noch zu finden. Gleich zwei warten auf der Promenade Unterer Rheinweg. www.brunnenfuehrer.ch

VEREIN SURPRISE /// SPALENTORWEG 20 /// 4051 BASEL ///
00 41 / 0 61 / 564 90 90 ///
WWW.VEREINSURPRISE.CH/STADTRUNDGANG ///

MIT ANDEREN AUGEN

Soziale Stadtrundgänge

10

Keiner kennt Basels Straßen besser. Obdachlose bieten Stadtrundgänge an und führen an Orte, die garantiert in keinem Reiseführer stehen. Wo starten Menschen in den Tag, von dem sie nicht wissen, was er ihnen bringen wird? In der Notschlafstelle vielleicht oder »Not-Notschlafstelle«, wie Wolfgang Kreibich und Rolf Mauti das Haus in der Alemannengasse nennen. »Hier sucht nur Unterschlupf, wer absolut keine andere Lösung weiß«, erzählen die beiden Männer in den signalroten Jacken, wie sie alle Verkäufer des Straßenmagazins *Surprise* tragen.

Kreibich und Mauti sind echte Experten der Straße. Ihr Basel ist nicht das von Kunstmuseum, Zoo oder Münster, sondern das der Heilsarmeeheime, Wärmestuben, Kleiderkammern und Gassenküchen, und genau dorthin führen sie ihre Gäste. Die laufen in den ersten Minuten förmlich wie ein Leichenzug hinter ihren Führern her, während die ihre Geschichte erzählen. Wie kann man so leben? Betroffene Blicke. Betretenes Schweigen. Kreibich und Mauti aber können lachen – wieder oder immer noch? Sie lachen viel, verdecken unter ihren Lachfalten die vielen Kerben, die ihnen das Leben auf der Straße ins Gesicht geschlagen hat, und die Gruppe hinter ihnen kann plötzlich mitlachen.

Vom Männerwohnheim führt die Tour zum Kleiderladen, weiter zur Schuldnerberatung, zum Caritas-Lebensmittelmarkt und endet nach zwei Stunden schließlich in einer weiteren Wohneinrichtung für Menschen in schwierigen Lebenssituationen. Ein Gang durch das Leben der anderen, das ständige Pendeln zwischen ihren Zufluchtsorten ist anstrengend, aber eine echte Chance, um aus unserer Routine des Wegschauens auszubrechen. Wolfgang Kreibich und Rolf Mauti finden mit ihrer neuen Aufgabe wieder einen Platz im Gemeinwesen, und die Teilnehmer ihrer Tour gewinnen die Chance, über den Zaun selbstgefasster Vorurteile zu schauen.

Drei Touren stehen zur Wahl: *Konfliktzone Bahnhof*, *Vom Notschlafplatz zur Kleiderkammer* oder *Von der Sozialhilfe zur Selbsthilfe*.

RHEINFÄHREN:
ST. JOHANN FÄHRE UELI /// 00 41 / 0 79 / 214 01 11 ///
KLINGENTAL FÄHRE VOGEL GRYFF /// 00 41 / 0 79 / 659 63 67 ///
MÜNSTER FÄHRE LEU /// 00 41 / 0 77 / 400 65 41 ///
ST. ALBAN FÄHRE WILD MAA /// 00 41 / 0 79 / 659 63 66 ///
WWW.FAEHRI.CH ///

EINEM EINE GLOCKE AUFBINDEN

Rheinfähren

11

Geschichten, die man kaum glauben kann, erzählt man in Basel nicht seiner Großmutter, sondern dem Fährmann. So will es eine gängige Redewendung und die Fährmänner haben wohl auch nichts dagegen, zumal sie sich das Zuhören ja teilen können. Schließlich sind vier Fähren auf dem Rhein zwischen Klein- und Großbasel unterwegs – getauft auf die Namen Vogel Gryff, Wilde Maa, Leu und Ueli. An einem Drahtseil hängend, nutzen sie einzig die Strömung des Flusses als Antrieb.

Hübsch anzusehen sind alle vier eigentlich immer. Wenn aber einige Strickaktivistinnen den Fähren handgearbeitete Dekorationen verpassen möchten, dann dürfen sie das auch im kreativen Basel, und prompt sind die Fähren einige Wochen mit wollig-bunter Tarnung unterwegs. Während einer Fahrt mit der Münsterfähre lenkt diese Strick-Art natürlich noch mehr ab vom Blick in die Tiefe, und man übersieht leicht das verräterische Blitzen auf dem Grunde des Rheins. Dort soll sie doch liegen, die silberne Luzia-Glocke – in den Rhein gestürzt, weil Basel Stress mit der katholischen Kirche hatte.

Die erste Variante dieser Legende besagt, dass die Basler einen Gesandten des Papstes erschlugen, worauf Gott die Stadt mit dem großen Erdbeben von 1356 strafte und die Münstertürme mitsamt der Luzia-Glocke in den Rhein stürzten. Schadenfrohe Katholiken favorisieren die zweite Version: Luzia sollte geläutet werden, um eine Predigt des Reformators Zwingli im Münster anzukündigen. Dabei sprang sie prompt aus ihrer Aufhängung und hinab in den Rhein. Dort soll die Glocke nun liegen – so lange, bis Basel wieder katholisch sein wird. Bei nicht einmal 16 Prozent Anteil Katholiken in Basel-Stadt wird es mit Luzias Auftauchen wohl erst einmal nichts. Und wenn nun einer meint, die Geschichte der Silberglocke könne man kaum glauben, für den gilt: »Verzell du das em Fährimaa.«

Wer dem Fährmann viel zu erzählen hat, pendelt mit der Ueli-Fähre so lange hin und her wie nötig und zahlt am Schluss für die dort verbrachte Zeit.

BASLER MÜNSTER /// RITTERGASSE 3 /// 4051 BASEL ///
00 41 / 0 61 / 277 45 42 /// WWW.BASLERMUENSTER.CH ///

KUNST IM KIRCHENASYL

Markttische im Basler Münster

12

Liegt hier etwa das Grab einer angesehenen Marktfrau? Mit fragendem Blick steht die japanische Touristin im kleinen Kreuzgang des Basler Münsters und schaut auf den bronzenen Abguss eines Markttischs voller Äpfel, Kohl, Kürbisse und Stangenbohnen. Ringsum an den Wänden erinnern Epitaphien daran, dass der Kreuzgang lange Zeit auch als Bestattungsort für Basler Ratsherren, Kaufleute und Gelehrte genutzt wurde. Völlig abwegig ist die Idee des Marktfrauengrabes also nicht. Was aber hat es mit dem zweiten Bronzetisch auf sich? Der trägt keine Waren, stattdessen eine Inschrift. Es ist Johann Peter Hebels alemannisches Gedicht *Vergänglichkeit* von 1803, das da in dicht gedrängten Lettern die Apokalypse am Beispiel eines Großfeuers in Basel beschreibt und vor dem Weltenbrand durch Menschenhand warnt.

Dem Text ist folgender Zusatz angefügt: »Z.B., 1. Nov. 1986, 00.19H« – die Lösung des Tischrätsels: Im Jahr 1986 feierte der Chemiekonzern Sandoz sein 100-jähriges Betriebsjubiläum und wollte der Stadt Basel aus diesem Anlass einen Marktplatzbrunnen schenken. Im selben Jahr, am 1. November um 00.19 Uhr, kam es nach einem Brand bei Sandoz zur Chemiekatastrophe, die den Rhein bis nach Rotterdam vergiftete und Tausende Tiere und Pflanzen tötete. Die Bildhauerin Bettina Eichin bestand darauf, dieses Ereignis in ihre Gestaltung des Brunnens miteinzubeziehen. Sandoz entzog ihr den Auftrag.

Die beiden Tische, die den Brunnen flankieren sollten, konnten dank vieler Spenden dennoch gegossen werden, durften jedoch nicht auf Basels Marktplatz stehen. Im Kreuzgang des Münsters fanden sie schließlich dauerhaftes Asyl, mahnen und erinnern dort – und irritieren. Auch die japanische Touristin hat sich bei anderen Besuchern nach ihrer Bedeutung erkundigt. Ein Kunstwerk schafft Kontakte und macht einen Kreuzgang voller Toter zum Ort lebendiger Kommunikation.

Kultstatus hat mittlerweile Bettina Eichins bekanntestes Werk, die Bronzeskulptur *Helvetia auf der Reise* an der Mittleren Brücke in Basel.

GOTT LÄSST SEINER NICHT SPOTTEN

APOKALYPSE IM ARCHIV

Staatsarchiv

13

Gnadenlose 38 Grad an einem Hochsommertag, der sich über die Stadt legt, als wolle er sie ausbrüten. Statt im Rhein zu baden, hüpfe ich in menschenleeren Gassen von Häuserschatten zu Häuserschatten. Hinter einem hohen schmiedeeisernen Gitter an der Martinsgasse lockt eine wildwuchernde Wiese Schmetterlinge, Spatzen und mich in einen Innenhof. Von zwei Seiten rahmt ihn eine kreuzgangähnliche Arkade. Wandelten hier einst Mönche oder Nonnen? Meine Augen gewöhnen sich an das Dunkel im Gang, und ich erkenne, dass die Fresken an den Wänden ihre Farben nicht unter einer jahrhundertealten Schicht aus Staub und Kerzenruß verbergen. Die Bilder sind ein Werk des Basler Malers Heinrich Altherr, entstanden zwischen 1942 und 1946 unter dem Eindruck des Zweiten Weltkriegs. Ihre Düsternis war gewollt. Schwarze Augen- und Mundhöhlen in starren Gesichtern, fliehende Massen, eine brennende Kirche, flehend zum Himmel erhobene Hände, Menschen in Not und Bedrängnis. Es ist die Apokalypse, die Altherr in seinem vierteiligen Bilderzyklus beschwört.

Am Ende des Ganges stehen über einem Torbogen die Worte: »Gott lässt seiner nicht spotten.« Ein Bibel-Zitat aus dem Brief des Paulus an die Galater, das wie folgt weitergeht: »Denn was der Mensch sät, das wird er auch ernten.« – Im schlimmsten Fall den Weltuntergang. Damit der Mensch nicht so leicht vergessen kann, was er gesät hat, wird fleißig gesammelt, geordnet und gespeichert – auch hier, im Basler Staatsarchiv. Kein ehemaliges Kloster also, sondern ein 1898/99 entstandenes Gebäude, das bewusst einen mittelalterlich-sakralen Charakter erhielt, um daran zu erinnern, dass die Wurzeln des Archivwesens in den Klöstern lagen. Um Vergangenes zu verstehen, braucht man Information. Auch diese Botschaft taucht in Altherrs Bildern auf – als Geschichtsschreiber, der eine rote Chronik in Händen hält.

Neben dem Wandbildzyklus im Staatsarchiv finden sich in der Pauluskirche und in der Kapelle auf dem Friedhof am Hörnli weitere Werke von Heinrich Altherr.

ELFTAUSENDJUNGFERN-GÄSSLEIN ZWISCHEN RHEINSPRUNG UND MARTINSKIRCHE /// 4051 BASEL ///

MARTINSKIRCHE /// MARTINSKIRCHPLATZ 4 /// 4051 BASEL /// 00 41 / 0 61 / 261 45 07 /// WWW.BS.CH ///

FEGEFEUER-RABATT

Elftausendjungfern-Gässlein

14

Treppensteigen hält fit, und es erspart einem einige Tage im Fegefeuer. Klingt nach Heilsversprechen frömmelnder Gesundheits-Gurus, war jedoch tatsächlich die Idee des geschäftstüchtigen Basler Bischofs Johann II. Senn von Münsingen. Der träumte Mitte des 14. Jahrhunderts von großen Pilgerströmen für seine Stadt samt lukrativem Reliquien- und Devotionalienhandel. Zugpferd seiner Marketingidee in Sachen Pilger-Projekt sollte die Heilige Ursula werden. Die begab sich laut Legende in Begleitung von 10.999 Jungfrauen einst selbst auf Pilgerfahrt nach Rom und legte in Basel einen Zwischenstopp ein. Wie es sich für gute Christinnen gehörte, wollten die Damen Andacht halten und erklommen flugs die Stufen einer engen Gasse zur Martinskirche hinauf. Sie ahnen es, es sind die gleichen Stiegen, deren Überwindung späteren Basel-Pilgern den Fegefeuer-Rabatt einbringen sollte.

Warum aber gibt es einen Nachlass auf die Schmorzeit beim Satan, wenn man in die Fußstapfen von Jungfrauen tritt? Weil der Glaube jener Damen so stark war, dass sie alle den Märtyrertod starben, na ja, fast alle. Drei der 11.000 Jungfern – Chrischona, Ottilie und Margarethe mit Namen – setzten sich noch rechtzeitig in Basel ab. Da waren es dann also nur noch 10.997 tapfere Jungfrauen, immer noch eine pilgerwürdige Märtyrer-Zahl und eine unerschöpfliche Reliquien-Quelle.

Damit sei nun aber nicht allen Legendenstrickern Gier unterstellt. Die Wahrheit ist viel harmloser: Die Inschrift »XI. M. V.« war bei der Übersetzung des Gassennamens nicht als »11 martyres virgines«, sondern versehentlich als »11 milia virgines« verstanden worden. Sorry, liebe Männer. Die Korrektur eines Lesefehlers hat eurer Fantasie soeben 10.989 Jungfrauen gekostet. Trost spendet da vielleicht ein Gang zum Elftausendjungfern-Gässlein, denn das sieht tatsächlich ein wenig so aus, als führten seine Stufen geradewegs in den Himmel.

Sankt Martin gilt als älteste Pfarrkirche Basels und wegen ihrer hervorragenden Akustik auch als ein idealer Ort für Konzerte.

SOUP GMBH – SUPPENBAR UND TAKE AWAY /// AM FISCHMARKT 10 ///
4051 BASEL /// 00 41 / 0 61 / 261 46 20 /// WWW.SO-UP.CH ///

SOUP FILIALE /// GÜTERSTRASSE 104 /// 4053 BASEL ///
00 41 / 0 61 / 271 28 65 ///

SCHLÜRF DIR EINS!

So'up

15

Suppe ist ein Synonym für Seligkeit. Markklößchen-Suppe in Omas Küche nach einem anstrengenden Schultag, wärmende Fischsuppe an der Ostsee, gemeinsam gekochte Erbsensuppe auf dem Nachbarschaftsfest und natürlich die heilende Hühnersuppe, die der Freund einem ans Bett bringt – von diesen gut gefüllten Tellern löffelt man Liebe und Geborgenheit. Der Geschmack dieser Suppen zaubert auch heute sofort vergangene Stimmungen herbei. »Weißt du noch, die Minestrone bei unserem Lieblingsitaliener?«

Nachkochen ist eine Möglichkeit, die Erinnerung mit der Schöpfkelle zurückzuholen. Manche Rezepte wollen einem selbst aber einfach nicht so richtig gelingen, und die ganze Vielfalt an Brühen, Eintöpfen und Kaltschalen findet ohnehin keinen Platz am heimischen Herd. Alles aber keine Gründe für Verzicht! Unsere tägliche Suppe gibt uns heute Natalie Kaden in ihren Suppenbars So'up. Mit denen hat sie Basel etwas richtig Gutes eingebrockt, steht die Stadt doch jetzt in Sachen Suppen in einer Reihe mit den Metropolen New York, London, Peking und Berlin, wo feine Süppchen längst zum gastronomischen Standard gehören. Deftig und scharf, leicht und vegetarisch, sämig oder klar, würzig oder süß-sauer sind die Suppen aus aller Welt, die Natalie Kaden im Angebot hat. Manchmal schmecken sie genau wie bei Oma, manchmal muss man sich erst trauen, die Ananas-Spinat-Suppe aus dem Senegal zu kosten, um dann nur darauf zu warten, dass sie endlich wieder auf dem täglich wechselnden Speiseplan steht.

Mit über 200 Varianten zeigt Natalie Kaden, dass es fast nichts gibt, was nicht in eine Suppe gehört: Rhabarber, gedünstete Birnen, Bambusrohr und Bier, aber natürlich auch die klassischen Würstchen und Erbsen. Beim letzten Löffel der indischen Curry-Fisch-Suppe freut man sich schon auf den nächsten Besuch im So'up, denn hier gilt: Nach der Suppe ist vor der Suppe.

Nicht verpassen! Zum Auftakt der legendären Basler Fasnacht serviert man auch im So'up die traditionelle Mehlsuppe zum *Morgestraich*.

Ueli Bier
SWISS CANDLES /// SCHNEIDERGASSE 6 /// 4051 BASEL ///
00 41 / 0 61 / 261 05 05 /// WWW.SWISS-CANDLES.COM ///

ICH GLAUB, MEIN BIER BRENNT

Swiss Candles

16

Ein Schuft, wer dieses Quietscheentchen in Brand setzt. Den Kaktus meinetwegen, wenn es denn sein muss, auch den Iglu, aber auf keinen Fall den Froschkönig oder gar die beiden Turteltauben. Was aber ist schrecklicher – die Vernichtung eines Wachskunstwerkes oder das Schicksal einer Kerze, die nie ihrer Bestimmung zugeführt wird, und statt Licht zu spenden in einer Vitrine Staub fängt? Na gut, Feuerzeuge raus und brennen lassen!

Wenn die Paraffintränen über den Buddha laufen, wird der neuerlich aufkommende Skrupel mit einer Notiz auf dem Einkaufszettel unterdrückt: 2 neue Buddha-, 2 Rosen- und 3 Latte-macchiato-Kerzen. All das und 5.000 weitere Kerzenformen sind bei Swiss Candles zu haben. Die einen sind (fast) zu schade zum Anzünden, die anderen zum Anbeißen lecker. Wäre der verräterische Docht nicht, man fiele glatt auf die Himbeertörtchen, das Sandwich oder die Spiegeleier herein. Verwirrt ist mancher Passant aber dennoch, wenn er bei Swiss Candles vorbeikommt und beim Blick in die Auslage zweifelt, ob es sich nun um eine Bäckerei, einen Blumenladen oder doch um ein Gemüsegeschäft handelt. Wenn in heißen Sommerwochen Dutzende Gläser des beliebten Basler Ueli Bieres im Schaufenster Lust auf eine kühle Erfrischung machen, soll es schon vorgekommen sein, dass durstige Männer sich danach erkundigt haben, wie ein solch perfekter Schaum zustande kommt.

Ueli-Bier-Kerzen gehören neben den zarten Rosenkugeln und den leuchtenden Sonnenkerzen zu den beliebtesten Produkten von Swiss Candles, erzählt Carmen Martino, die das Geschäft gemeinsam mit Manjit van Laer führt. Unterstützt von Frau Martinos Mann fertigen sie alle Kerzen selbst in liebevoller Handarbeit. Für besonders aufwendige Fasnachtsfiguren muss da schon einmal ein ganzer Tag Arbeit veranschlagt werden. Dafür ist ihre Welt aus Wachs aber auch wirklich ansteckend schön.

☞ Ein frisch gezapftes Ueli Bier kann man auf Kleinbasler Seite in der traditionsreichen Brauerei Fischerstube genießen, Rheingasse 45, www.uelibier.ch

UHRENHÄUSCHEN /// NADELBERG 11 A /// 4051 BASEL ///

WO DIE ZEIT WOHNTE

Uhrenhäuschen am Nadelberg

17

Skandal! Basels Uhren gingen um 37 Sekunden vor, und der verantwortliche Stadtuhrmacher musste von seinem Amt zurücktreten. Das war im Jahr 1866. 37 Sekunden wurden zum Problem in einer Stadt, in der man die Uhren über 400 Jahre lang anders stellte als anderswo. Eine ganze Stunde wichen die Basler nämlich von der gewöhnlichen Zeitmessung ab. Sie unterteilten den Tag zwar wie üblich in zweimal zwölf Stunden, blieben aber bei der im Mittelalter übernommenen Zeitrechnung des Römischen Reiches. Dort galt die Mitternacht nicht als zwölfte abgelaufene, sondern als erste anbrechende Stunde des neuen Tages. Beim höchsten Stand der Sonne um 12 Uhr mittags schlug es bei den vorauseilenden Baslern demnach bereits eins. Erst mit der Ausrufung der Helvetischen Republik 1798 hatte das letzte Stündlein der Basler Zeit geschlagen, und die Uhrzeit wurde der üblichen angeglichen.

Basel tickte nun nicht mehr anders. Stattdessen hielten Schweizer Präzision und Pünktlichkeit Einzug. 1870, vier Jahre nach der Abweichung um 37 Sekunden, wurde die erste Basler Mutteruhr im Stadthaus installiert. Im Minutentakt sendete sie über einen Leitungsmast elektrische Impulse als Stellsignal an die öffentlichen Uhren der Stadt. Einige Jahre später zog die Mutteruhr um, in ein bescheidenes, kleines Haus am Nadelberg 11 a, in dem auch der Stadtuhrmacher seine Werkstatt unterhielt. Die wichtige Aufgabe als Schaltzentrale zur Synchronisierung sah man dem *Zythüüsli* nie an. Doch bis zu 24 Tochteruhren erhielten von hier den Takt. Nachdem vermehrt Funkuhrsysteme eingesetzt wurden, musste auch die mechanische Mutteruhr am Nadelberg 1987 ihren Dienst quittierten. Nur der Leitungsmast erinnert noch an die einstige Funktion des Hauses. Ohne Aufgabe ist das Uhrenhäuschen aber nicht. Es darf die Zeit zwar nicht mehr messen, aber immer noch ein Zeichen seiner Zeit sein.

☞ Die Sonnenuhr am Basler Münster gibt noch immer die alte Basler Zeit an. Statt auf der Zwölf zeigt sie beim höchsten Stand der Sonne auf die Ziffer eins.

BOTANISCHER GARTEN DER UNIVERSITÄT BASEL ///
SCHÖNBEINSTRASSE 6 /// 4056 BASEL /// 00 41 / 0 61 / 267 35 19 ///
WWW.BOTGARTEN.UNIBAS.CH ///

IMMERGRÜNE ANTIDEPRESSIVA

Botanischer Garten

18

Was tun an lichtscheuen Tagen, wenn der Wind einem strähnig unter die Kapuze fährt und der Regen penetrant auf die Schultern klopft? Ab in den Botanischen Garten und geradewegs ins Tropenhaus. Draußen deprimiert verwaschenes Himmelsgrau, drinnen ein immergrünes Versprechen von Sommer. Wie ein warmer Umschlag legt sich die Tropenschwüle um die Besucher. Schamadrosseln lassen ihr Liederrepertoire hören, und Elfenblauvögel, mit auffällig blauen Flecken im tintenschwarzen Gefieder, erschrecken durch kurze, schrille Pfiffe. Oder war das etwa ein Pfeif-Fröschchen? Nur zwei Zentimeter klein sind sie kaum zu entdecken in dem Dickicht aus rund 700 tropischen Pflanzenarten.

Groß ist die Basler Anlage nicht, hat aber eine lange Geschichte. 1589 gegründet, gehört sie zu den ältesten botanischen Gärten der Welt, und lässt in ihren Gewächshäusern nicht allein Pflanzen gedeihen, sondern kultiviert dort auch eine hektikfreie Atmosphäre, als wäre zwischen Agaven, Lotusblumen und Tulpenbäumen immer Sonntag. Ausflügler nehmen sich Zeit, um Blattmuster zu studieren oder die Victoria-Seerosen zu bewundern. Kinder könnten auf ihren riesigen, kreisrunden Schwimmblättern Platz nehmen, die bis zu 50 Kilogramm tragen können.

Staunen löst auch eine der größten Orchideensammlungen der Schweiz aus. Die Farben ihrer Blüten reichen von Chinarot über Schneeköniginnenweiß bis zum schrillen Gelb. Manche gehen als kleine Sterne auf, andere sind wurmförmig oder sehen aus wie fliegende Fledermäuse, was ihnen die lateinische Bezeichnung *Dracula* einbrachte. Schaut man Orchideen der *Dracula*-Gattung genauer in die Blüte, schaut ein Affengesicht zurück. Tatsächlich formen breite Lippen, wulstige Stempel und zwei schwarze Flecken ein Antlitz, das an Paviane oder Schimpansen erinnert. Und am nächsten Regentag entdecken wir dann Wunderbeeren, Stinkkohl und Jadewein.

☞ Im Süden Basels liegen die Merian Gärten mit botanischer Sammlung, Nutzgärten, Magerwiesen und Landwirtschaftszonen. Vorder Brüglingen 5, www.meriangaerten.ch

RESTAURANT PINGUIN ZEM BIER-HUUS /// SCHÜTZENMATTSTRASSE 21 /// 4051 BASEL /// 00 41 / 0 61 / 261 35 13 ///

CACAO-SENF IM HUMPEN-HIMMEL

Restaurant Pinguin zem Bier-Huus

19

Glutenallergie, Laktoseintoleranz und fettreduzierter Joghurt sind hier eher kein Thema. Orte eines neuen Gesundheitsbewusstseins sehen anders aus, ist ja schließlich auch eine Beiz und kein Reformhaus. Beiz nennt sich mittlerweile aber so manches, was dann doch eher mit trendigem Rattanstuhl-Chic statt rustikalen Tresenhockern daherkommt. Das kann Mario Nanni nicht passieren. Seit über 30 Jahren führt er das Restaurant Pinguin zem Bier-Huus, und wer es betritt, der steht mitten in Nannis Lebenswerk. Tiefbraune Tische und Bänke, historische Plakate, Brauerei-Spiegel, Fotografien, Flaschenöffner- und Bierdeckelsammlungen, Urkunden, Bügelverschlussflaschen und Fässer aus früheren Jahrhunderten und über allem ein Himmel voller Humpen. Weit über Tausend Biergefäße hängen an der Restaurantdecke, zieren Vitrinen oder warten am Tresen auf Füllung.

Das hier ist die Welt des Bieres – Beiz und Museum zugleich, keine Spelunke, sondern ein Ort der Kultur und des Anstands. »Im Pinguin trinkt keiner aus der Flasche«, erklärt Nanni mit tiefem Raucherbass. 108 Bierspezialitäten aus über 30 Ländern stehen in seiner Bierkarte, die in Form eines prallen Aktenordners an den Tisch kommt. Jedes Bier wird aus dem dazugehörigen Originalglas getrunken. So gehört sich das! Wenn andere Gastronomen hippe Event-Kulturen konstruieren, pflegt Nanni die Patina aus Tabak, Alkohol und Feierabendstimmung in seiner guten Stube und liefert 1.001 Kneipengeschichten gleich mit. So wie die Geschichte mit dem Senf. Den bringen ihm seine Gäste von ihren Reisen mit. Mittlerweile sind es über 170 Sorten – vom französischen Cacao- bis zum südafrikanischen Kandis-Senf – die dem Pinguin als Restaurant mit dem größten Senfsortiment einen Eintrag ins Guinness-Buch der Rekorde einbrachte. Glücklich, wer eine Stammbeiz wie den Pinguin hat und ihr ab und zu Senf mitbringen darf.

Vom Durst- zum Brandlöscher. Unweit des Pinguins präsentiert das Schweizerische Feuerwehrmuseum Basel-Stadt die Geschichte des Löschwesens. www.rettung.bs.ch

ZEM
GLUGGERTURM
1726
PROSPER NEPOMUK GLUCKER
gelang an Lichtmess 1726
seine umwälzende Erfindung

DER ZWERGEN-ZÜCHTER

Zem Gluggerturm

Eines der letzten Rätsel von Basel versteckt sich am Heuberg. Getarnt als harmlose Gedenktafel aus Messing hängt es am Haus Nummer 34:

»Prosper Nepomuk Glucker
gelang an Lichtmess 1726
seine umwälzende Erfindung.«

Mehr verrät die Inschrift nicht. Nur der Name des Gebäudes wurde noch in feinen Lettern über die Tafel gepinselt: »Zem Gluggerturm«. Wer war Prosper Nepomuk Glucker? Was hat er Sensationelles erfunden, und konnte ihm das nur am Tag der Lichtmess-Feier gelingen? Überlegt der Bildungsbürger nur kurz und nickt dann verstehend, weil ihm wieder eingefallen ist, was 1726 geschah? Lernt vielleicht sogar jedes Basler Kind die Geschichte des Herrn Glucker in der Schule, oder weiß nur ein kleiner Kreis eingeweihter Geheimbündler die Botschaft an der Hauswand zu deuten?

Nichtwisser können die Tafel fotografieren, die umliegenden Fassaden nach weiteren Schildern absuchen, darauf warten, dass sich jemand am Fenster blicken lässt, den sie fragen könnten, und schließlich mit ratlosem Schulterzucken ihren Spaziergang fortsetzen. Gut, wem das gelingt, ohne dafür mit schlaflosen Nächten zu büßen. Geheimnisse können quälen. Als Kind kam man nicht auf den hohen Kleiderschrank, auf dem die Weihnachtsgeschenke verborgen lagen, und heute schafft es eine simple Messingtafel, den Schleier des Mysteriösen über ein Haus zu legen und uns mit dem Stachel der Neugier zu piksen. Man muss nicht alles wissen, aber man muss es doch wenigstens versuchen. Also: Wie lautet das Coca-Cola-Rezept? Wo lebt der Yeti? Was passiert im Bermuda Dreieck, und wer ist Prosper Nepomuk Glucker?

Prosper, so verrät das Lexikon, ist kein Titel oder eine Ehrenbezeichnung, sondern ein männlicher Vorname, der so viel bedeutet wie »glücklich« oder »erwünscht«. Das englische Verb *»to prosper«* lässt sich mit »blühen« und »Erfolg haben« übersetzen. Passt perfekt, denn erfolgreich soll der glückliche Nepomuk ja mit seiner Erfindung gewesen sein, und Erfolg versprechend erscheint auch ein Besuch des Basler Staatsarchivs. Im historischen Grundbuch der Stadt findet sich ein Nebengebäude, das im 16. Jahrhundert mit dem heutigen Haus Nummer 34 zusammengelegt wurde und einem Hans Glocker gehörte. Vom Glockerturm zum Gluggerturm und zum Nachnamen Glucker ist es phonetisch nicht weit. Das Rätsel um Prosper Nepomuks Erfindung ist damit jedoch noch nicht gelöst. In einer Schweizer Stadt darf doch nicht jeder einfach so irgendwo ein Schild anbringen, oder? Da muss es doch Anträge in mehrfacher Ausfertigung, Gremiensitzungen und Amtsentscheide gegeben haben? Das Bau- und Verkehrsdepartement weiß erst einmal nichts, hat aber Tipps für weitere Nachforschungen, und die enden zwischen den Seiten der *PIBS*, der *Personal-Information Basel Stadt*. Im Juni 1980 wird in der Nummer 27 dieser Mitarbeiterzeitschrift ein Beitrag veröffentlicht mit dem Titel: *Gegen die Unterdrückung der Gartenzwerge*. Der Autor, Dr. Siegfried Scheuring, setzt sich mit viel Freude an der eigenen Fabulierkunst für die Förderung der Gartenzwergkultur ein, lobt die wackeren Schubkarren-, Schaufel- und Spitzhackenträger und erwähnt schließlich eine besondere Zwergengruppe, die sogenannten Warm-Blut-Gartenzwerge (WBGZ). Die Zucht dieser Warmblüter sei vor rund 250 Jahren mittels künstlicher Besamung gelungen. Und der Name des Züchters? Prosper Nepomuk Glucker! Das Messingschild am Heuberg 34 ehrt einen Zwergen-Schöpfer?

Tatsächlich, der Eigentümer des Hauses bestätigt es, und er verfügt zudem über zahlreiche Dokumente, die einen Einblick in das Leben und Schaffen des Prosper Nepomuk Glucker geben. 1678 geboren, lässt Prosper schnell seine Hochbegabung erkennen. Mit 13 Jahren beginnt er an der Universität Straßburg Mathematik, Philosophie, Jurisprudenz und Theologie zu studieren und schließt alle Fächer drei Jahre später mit dem Doktortitel ab. Für seine größte wissenschaftliche Errungenschaft benötigt er jedoch fast fünf Jahrzehnte – die Zucht des *Pygmaeus domesticus idiothermus Helveticus*, eines lebenden Gartenzwergs. Wie so oft gilt der Prophet im eigenen Land jedoch nichts, und so brachten erst archäologische Ausgrabungen im Winter 1984/85 weitere Erkenntnisse über die in Vergessenheit geratenen WBGZ. Knapp einen Quadratmeter groß war die Fundstätte im Keller des Hauses am Heuberg 34, in dem das Skelett eines nicht tierischen und nicht menschlichen Wesens entdeckt wurde. Der Schädel war gut erhalten, das Gebiss vollständig. Haare fanden sich keine, stattdessen Reste einer grünen Kopfbedeckung. Die Forscher vermuten, dass es sich um einen der Ururenkel der von Glucker gezüchteten Zwerge handelt. Nach sechsmonatiger Schwangerschaft der Zwerginnen wurde der Nachwuchs zwei Monate gestillt und begleitete seine Eltern anschließend schon zu deren Arbeit als Kleintierpfleger, Schädlingsvertilger oder Büroreiniger. In die Ferien reiste Familie Warm-Blut-Zwerg ins Baselland, nach Schönthal bei Langenbruck. In der kalten Jahreszeit wandelten sich die gleichwarmen Zwerge zu wechselwarmen Winterschläfern ähnlich dem Murmeltier. Die Lebenserwartung eines WBGZ lag bei etwa 29 Jahren.

Alle Dokumente zur wissenschaftlichen Erforschung der Zwerge tragen das Logo der Internationalen Gesellschaft zur Förderung der Garten-Zwerg-Warm-Blut-Zucht e.V. (IGFGZWBZ). Diese wurde 1965 in Baden gegründet, um die Zwergenkunde (Nanologie) einem größeren Publikum bekannt zu machen. Einer der Höhepunkte der Vereinsarbeit war die Präsentation der Forschungsergebnisse auf der *Grün 80*, einer Schweizerischen Ausstellung für Garten- und Landschaftsbau im Jahr 1980. In diesem Rahmen konnten am »Hang der Gartenzwerge« allerdings nur realitätsnahe Nachbildungen der WBGZ gezeigt werden, denn die eidgenössischen Vorschriften untersagten die Zurschaustellung lebender Gartenzwerge. So waren auf der *Grün 80* auch nur Repliken mit roter Zipfelmütze zu sehen, obwohl doch die ursprüngliche Kopfbedeckung der ersten Zwergen-Generationen grün gewesen sein soll. Für den Farbwechsel nehmen die Forscher der IGFGZWBZ einen kulturpolitischen Hintergrund an, denn rot sei schließlich die Farbe unterdrückter, aber standhafter Minderheiten.

»Se non è vero, è ben trovato« – »Wenn es nicht wahr ist, so ist es doch gut erfunden.« Sehr gut sogar! Wann immer ich nun am Haus Heuberg 34 vorbeikomme und Touristen sehe, die das Messingschild fotografieren, freue ich mich über den Unterhaltungswert ungelöster Rätsel. Geschichten sind eben oft schöner als historische Wahrheiten. Danke, Prosper Nepomuk Glucker!

HISTORISCHES MUSEUM BASEL – MUSIKMUSEUM /// IM LOHNHOF 9 /// 4051 BASEL /// 00 41 / 0 61 / 205 86 02 /// WWW.HMB.CH ///

HOTEL BRASSERIE AU VIOLON /// IM LOHNHOF 4 /// 4051 BASEL /// 00 41 / 0 61 / 269 87 11 /// WWW.AU-VIOLON.COM ///

GEIGEN HINTER GITTER

Lohnhof

20

Vorsicht bei der Namenswahl! Nicht aus jedem Karl wird ein Kaiser, nicht aus jedem Albert ein Genie, aber gelegentlich gilt doch »nomen est omen«, und schon wird nach Art der selbsterfüllenden Prophezeiung aus dem Kloster ein Gefängnis.

St. Leonhard wurde die Kirche genannt, die man im 11. Jahrhundert gegenüber dem Münsterhügel errichtete und der sich bald darauf ein Kloster der Augustiner anschloss. Nun gilt der Heilige Leonhard als Schutzpatron der Gefangenen. Jahrhunderte vergingen, ohne dass sich dieser Zuständigkeitsbereich des Heiligen negativ ausgewirkt hätte.

Kirche und Kloster überdauerten Erdbeben, Kriege, Krisen und Seuchen. Erst mit der Reformation kam das Ende des Augustinerklosters. Zunächst wachten Zunftmeister über das Stift. Später zog dort der Verantwortliche für das Basler Bauwesen ein, der als Lohnherr den Handwerkern auch ihren Verdienst auszahlte. Daher also der noch heute bestehende Name Lohnhof. 1821 nahm überraschend die Polizei dort ihren Sitz und brachte auch gleich die Idee mit, in den alten Klosterräumen ein Gefängnis einzurichten. Heiliger Leonhard, ich hör dir trapsen! 160 Jahre lang brachte Basel Untersuchungsgefangene hinter die historischen Mauern. Danach war aber auch der Name Leonhard nur noch Schall und Rauch, und das Gefängnis wechselte seinen Standort. Die einstigen Räume der Staatsanwaltschaft verwandelten sich in Wohnungen. In der Gefängnisturnhalle spielen Jazz-Bands, im Pförtnerhäuschen toben die Kinder einer Krippe, und im Gebäude des alten Frauengefängnisses logieren Gäste des Hotels *Au Violon*. Ein Name, der sowohl auf einen alten französischen Ausdruck für Gefängnis anspielt als auch auf das gegenüberliegende Musikmuseum. Das ist mit der größten Musikinstrumentensammlung der Schweiz in den Männertrakt gezogen und präsentiert seine historischen Schätze in den einstigen Zellen.

Nomen est omen gilt auch für die *Baseldytschi Bihni* im Lohnhof: In diesem Theater wird ausschließlich auf Baseldytsch gespielt. www.baseldytschibihni.ch

CAFÉ BAR FÜSSERKIRCHE /// BARFÜSSERPLATZ /// 4051 BASEL /// 00 41 / 0 61 / 205 86 86 ///

HISTORISCHES MUSEUM BASEL MUSEUM FÜR GESCHICHTE / BARFÜSSERKIRCHE /// BARFÜSSERPLATZ /// 4051 BASEL /// 00 41 / 0 61 / 205 86 00 /// WWW.HMB.CH ///

GEBÄCK STATT GEBETE

Café Bar Füsserkirche

21

Es stimmt nicht, dass nichts bleibt, wenn der Glaube geht. Eine Kirche bleibt eine Kirche, bleibt eine Kirche, bleibt eine Kirche. Deshalb liegt auch immer noch eine andächtige Stille über dem einstigen Gotteshaus des Franziskanerordens, dessen Mitglieder im deutschsprachigen Raum auch »Barfüßer« genannt wurden. Heute präsentiert das Historische Museum Basel Kunst- und Kulturschätze in der Barfüsserkirche, und im linken Seitenschiff werden im Café Bar Füsserkirche Kuchen und Kaffee, Gemüsewähen, Suppen und Salate serviert.

Wenn Gott des guten Essens wegen in Frankreich weilt, dann hat er sicher nichts dagegen, dass Menschen in einem seiner früheren Häuser auf leckere Art satt werden, denke ich und spaziere mit den Augen über die vielen bunten Wappenscheiben in den gotischen Spitzbogenfenstern. Sie wurden von Basler Familien zur Ausschmückung des Chores gestiftet, als sich der Große Rat der Stadt gegen einen Abriss des Baus und für seine Umwandlung in eine Museumskirche entschieden hatte. Das war im Jahr 1888. Da hatte die Barfüsserkirche schon Feuer, Erdbeben, Zerstörung und Plünderung während der Reformationszeit hinter sich. Getreide und Salz waren in ihr gelagert, Butter verkauft und ein Postlokal samt Stall für die Postkutschenpferde eingerichtet worden.

Wo einst aus den Evangelien die Geschichte gelesen wurde, wie Jesus die Händler und Geldwechsler aus dem Jerusalemer Tempel vertrieb, ersteigerten Bieter nun sogar Waren, und Pfandleiher gewährten Darlehen. Glauben hin oder her, aber man legt schließlich auch keine Gurken in Pralinenschachteln. Kunst, Kultur und Kulinarik passen hingegen sehr gut unter das hohe Kirchenschiff. Ein Dreiklang, bei dem Kaffeetrinken zum Studium Basler Stadt- und Kirchengeschichte wird und Kuchenessen zwar nicht zum Gebet, wohl aber zu einer Lobpreisung des Konditors.

Ein weiteres Beispiel gelungener Umnutzung ist das Museum Kleines Klingental im mittelalterlichen Gründungsbau des einstigen Nonnenklosters. www.mkk.ch

ISRAELITISCHE GEMEINDE BASEL (IGB) /// LEIMENSTRASSE 24 ///
4051 BASEL /// 00 41 / 0 61 / 279 98 50 /// WWW.IGB.CH ///

JÜDISCHES MUSEUM SCHWEIZ /// KORNHAUSGASSE 8 /// 4051 BASEL ///
00 41 / 0 61 / 261 95 14 /// WWW.JUEDISCHES-MUSEUM.CH ///

DA LACHT DER SCHAMMES

Synagoge

22

Häuser haben ihre Geschichten, aber nur Menschen können sie uns erzählen. Das ist mein erster Gedanke beim Verlassen der Synagoge. Ich wollte die Israelitische Gemeinde Basel (IGB) besuchen, um über den neobyzantinischen Stil ihrer 1868 eingeweihten Synagoge zu berichten, über die Geschichte der Juden in Basel und vielleicht auch noch über die Zionistenkongresse, die in der Stadt abgehalten wurden. So war der Plan. Dann bin ich Zvi Goldstein begegnet, dem Schammes (Synagogendiener). Mit einer kleinen Reise durch die jüdische Religionsgeschichte verwandelt er mein oberflächliches Fakteninteresse in den Wunsch, das Innenleben der Gemeinde wirklich zu begreifen.

Herr Goldstein gibt dem Glauben ein Gesicht, eine Stimme und ein Lachen. Als ich ihn nach dem Grund für die unterschiedlichen Größen der Tora-Rollen frage, lobt er die kleineren als besonders praktisch und handlich, weil sie weniger Kraft beim Tragen erfordern. »Wer eine Tora-Rolle fallen lässt«, erklärt er, »muss gemäß Überlieferung 40 Tage fasten. Das ist aber in den 22 Jahren, seit ich hier Schammes bin, nie vorgekommen.« Wie zum Beweis streicht er sich über den beachtlichen Bauch und legt mit einem Lachen einen Strahlenkranz von Falten um seine Augen. Heller als die leuchten gerade nur die Sternenhimmel unter den beiden Synagogenkuppeln und die goldenen Buchstaben des Namens Gottes über dem Tora-Schrein.

Beim Blick auf die reich verzierten Brokathüllen der Rollen und ihre kronengeschmückten Aufsätze stellt sich bei mir erneut Ehrfurcht ein, Ehrfurcht vor den Menschen, die den Bau ihrer Synagoge finanzierten und die ihre Gemeinde auch durch schwierige Zeiten brachten. Als lese er meine Gedanken, schenkt mir Zvi Goldstein zum Abschied noch ein passendes Zitat von Rabbiner Leo Adler: »Denn nicht das Haus ist es, sondern das Herz, welches Gott in unsere Mitte bringt.«

Die Teilnahme an den öffentlichen Führungen ist ohne Anmeldung möglich. Auf Anfrage zeigt man Interessenten die Synagoge aber auch gern zu anderen Zeiten.

PAULUSKIRCHE /// STEINENRING 20 /// 4051 BASEL ///
00 41 / 0 61 / 331 27 79 /// WWW.ERK-BS.CH ///

WIE KEIN EI DEM ANDEREN I

Pauluskirche – St. Antoniuskirche

23

Die eine ist anmutig, edel und einladend attraktiv. Die andere ist plump, klotzig und abweisend streng. Schlechte Voraussetzungen für einen fairen Vergleich – die evangelisch-reformierte Pauluskirche zu schön, zu unansehnlich die römisch-katholische Antoniuskirche. Und dennoch verbindet beide eine Gemeinsamkeit.

Frei stehend, umgeben von gepflegtem Rasen und Blumenbeeten kann die Pauluskirche den ganzen Liebreiz ihrer gefälligen Proportionen in Szene setzen und als charmantes Wahrzeichen des Basler Ring-Quartiers auftreten. Ein großes, weithin sichtbares Rosettenfenster an der Stirnseite, Jugendstilelemente an der Fassade und ein harmonisches Raumkonzept im Innern machen die 1901 geweihte Pauluskirche zum beliebten Veranstaltungsort. Nina Hagen singt, Schweizer Fußballstars heiraten hier, Bundesräte erklären ihre Politik, die Seniorenuniversität lädt zu Vorträgen ein, und unter dem Motto »Kirche kreativ« werden überkonfessionelle Gottesdienste mit Künstlern aus allen Sparten gefeiert, um Menschen zu erreichen, die den Weg in die Kirche sonst vermutlich nicht suchen würden.

Rund 1,5 Kilometer von der Pauluskirche entfernt läuft der Baselbesucher beinahe an der schmucklosen Fassade der Antoniuskirche vorbei, die sich unauffällig zwischen die Mehrfamilienhäuser der Kannenfeldstraße einreiht. Fast verschwände sie völlig in der Einheit der Gebäudefront, wären da nicht die auffallend hohen Fenster und der Glockenturm samt aufgesetztem Kreuz, die den Besucher staunen lassen: Das ist kein technischer Zweckbau, kein Teil einer Industrieanlage, das ist tatsächlich eine Kirche – noch dazu eine römisch-katholische, die auf barockes Brimborium und Opulenz verzichtet. St. Anton wurde als erste reine Betonkirche der Schweiz bereits im Jahr 1927 fertiggestellt.

ST. ANTON /// KANNENFELDSTRASSE 35 /// 4056 BASEL ///
00 41 / 0 61 / 386 90 60 /// WWW.ANTONIUSKIRCHE.CH ///

Geweiht wurde sie allerdings erst vier Jahre später. Man munkelte damals, der Basler Bischof Joseph Ambühl hätte dem hoch umstrittenen Bau am liebsten die offizielle Weihe als Gotteshaus versagt. Spötter tauften es Seelensilo oder Vater-unser-Fabrik. Manch Mitglied der Antoniusgemeinde hat die Kirche vielleicht als göttliche Prüfung von der Art verstanden, wie sie einst dem armen Hiob auferlegt wurde.

Das Leiden der Basler Katholiken währte aber vermutlich nicht allzu lang. Von außen täuscht die schnöde Fassade von St. Anton zwar freudlose Askese vor, im Innern aber verführen Licht und Farbe. Durch fast 14 Meter hohe Glasfenster schwärmt das Sonnenlicht hinein und streicht die mehlwurmfarbenen Wände in den kräftigen Tönen expressionistischer Bilder. Da entstehen Würfel in kühlem Blau, sanftgelbe Kegel, tiefrote Kreise und Purpur-Pyramiden. Die Kälte des Betons löst sich auf in dieser Malerei des Lichts, und die feierliche Stimmung versöhnt mit der radikalen Schlichtheit der Architektur.

Harmonische Ästhetiktradition in der Paulus-, spröde Funktionalität mit tollen Lichteffekten in der Antoniuskirche. So ungleich die beiden Kirchen auch sind – es sind dennoch Schwestern, entworfen vom selben Baumeister, dem Schweizer Karl Moser. Kein Wunder, dass er auch »Architektur-Chamäleon« genannt wurde. Der Mann konnte im Jugendstil schwelgen, die nüchterne Reformarchitektur mitbegründen, Kirchen und Schulen ebenso bauen wie Reihenhaussiedlungen und Villen. Uniforme Ästhetik, Stil-Schubladen und Stagnation waren nicht sein Ding. Vielfalt und Fortschritt bestimmten Mosers Programm, und mit seinen Basler Gotteshäusern hat er der Stadt zwei ungleiche Schwestern geschenkt, die unverkennbar den Geist ihrer Zeit tragen. Auch Kirchen gehen eben mit der Mode.

Ein weiteres Bauwerk von Karl Moser in Basel ist der Badische Bahnhof, der im Jahr 2013 sein 100-jähriges Bestehen feierte. www.sbb.ch

GUT GEWÜRZT IST HALB GETRUNKEN

Hypokras

3/11

Ein anderer Name für Jahresendzeit-Fusel? Glühwein! Beim bloßen Gedanken an die hustensaftbraune, klebrige Brühe kratzt die Karies schon am Zahnschmelz und das Kopfweh gegen die Hirnschale. Völlig überzuckert und überhitzt schwappt er im Becher, und dennoch zählt Glühwein immer noch zu den Grundnahrungsmitteln im Advent. Zusammen mit gebrannten Mandeln und Lebkuchen bringt er den Dreiklang der Scheingemütlichkeit auf jedem Weihnachtsmarkt zum Klingen und sorgt für beschwipste Besinnlichkeit. Aber ohne mich! Glögg, Punsch, Feuerzangenbowle – ich hatte mit der ganzen Mischpoke gewürzter Traubengetränke abgeschlossen, bis ich in Basel einem Verwandten des Glühweins begegnete, dem Hypokras.

Kardamom und Koriander kommen hinein, Nelken, Zimt und Zucker und je nach Rezept auch Orangen, Zitronen, Muskatnuss und Anis. In der Schweiz war der Hypokras bereits im Mittelalter bekannt. Das heute süffige Stöffchen wurde damals noch mit Pfeffer und Ingwer geschärft und galt, sein Name lässt es ahnen, lange Zeit als Heilmittel. Zu gern wird behauptet, Hippokrates, der griechische Arzt, hätte seine Finger in der Gewürzweinmischung gehabt. Hatte er aber vermutlich nicht. Namensgeber soll stattdessen *Manica Hippocratis*, der Hippokrates-Ärmel, gewesen sein. Ein von Ärzten benutzter Stofffilter, durch den der gewürzte Wein mehrfach passiert wurde.

Selbstverständlich lässt sich auch ein Hypokras versauen. Es ist immer eine Frage des richtigen Weins, der richtigen Gewürze in den richtigen Mengen und der richtigen Hitze. Wenn all das stimmt, schimmert rubinrotes Winterglück im Glas. Ein guter Hypokras heilt zwar nicht, aber er tröstet über jeden Weihnachtsblues hinweg. Traditionell in den Stunden vor und nach dem Jahreswechsel zusammen mit Basler Läckerli genossen, geleitet er einen auch anständig ins neue Jahr.

Ein ureigener Hypokras aus dem Hause Granert wird im kleinen Warenhaus SpaleBatze, Spalenvorstadt 23, 4051 Basel verkauft.

**LARVE ATELIER CHARIVARI /// KANNENFELDSTRASSE 11 ///
4056 BASEL /// 00 41 / 0 61 / 321 55 57 /// WWW.ATELIERCHARIVARI.CH ///**

**ORTSMUSEUM BINNINGEN HOLEESCHULHAUS /// HOLEERAIN 20 ///
4102 BINNINGEN /// 00 41 / 0 61 / 421 25 26 ///
WWW.ORTSMUSEUM-BINNINGEN.CH ///**

DER IDENTITÄTSSTIFTER

Larve Atelier Charivari

25

Wo wollen all diese Leute nur hin? In Taubenschlägen geht es ruhiger zu als in diesem Haus. Keine Notfallambulanz, kein Trendlokal, kein Schnäppchenpreis-Shop verbirgt sich hinter den dunklen Backsteinen. Es ist Herbst und die Basler zieht es in Massen dorthin, wo das Wesen der Fasnacht wohnt – in die Kannenfeldstrasse 11.

Wo andernorts Kruzifixe, Ölgemälde, Hirschgeweihe oder Spiegel hängen, stieren, wachen und grinsen hier Hunderte Larven (Masken) von den Wänden. Manchen wuchert eine Wasserhahn-Nase himmelwärts, andere spannen ein Lächeln breit wie der Rhein oder spitzen das Mündchen zum Kuss. Diese Geschöpfe von Roman Peter bevölkern Basel an den »drey scheenschte Dääg«. Seit fast 40 Jahren arbeitet er als Larvenmacher und hat in dieser Zeit über 40.000 Larven auf die Straße geschickt. Dort entwickeln sie beim *Morgestraich* und Gässelen mit Schnitzelbänken, Marsch- und Guggemusik ihr Eigenleben. In Roman Peters Werkstatt aber lässt sich noch in Ruhe in einzelnen Larvengesichtern lesen. Schon die kalkweißen Modelle zeigen Mimik – im Erstaunen weit aufgerissene Augen oder drohend gewölbte Brauen. Ein Pinselstrich hier, ein Tupfer da, und Roman Peter hat einer Larve den Ausdruck von Melancholie, Irrwitz, Schadenfreude, wildem Zorn oder drolligem Übermut verpasst. Er hat in seinem Atelier nicht bloß Larven, sondern Gefühle aufgehängt, und die Basler haben die Wahl aus rund 500 verschiedenen Vorlagen.

Einige Kunden bringen auch eigene Vorschläge mit, besprechen die Umsetzbarkeit, stimmen Design und Farbwahl mit ihrem Kostüm ab. Immer zum Jahresende hin startet die Hochphase der Produktion. Bis zu 3.000 Larven werden hier pro Fasnachts-Saison gefertigt. Da sind dann einige Nachtschichten fällig, bis Roman Peters Larven der Fasnacht wieder ein Gesicht geben, indem sie die Gesichter der Fasnächtler verbergen.

☞ Das Ortsmuseum Binningen zeigt in der Ausstellung *Basler Künstlerlarven von 1925 bis 1984* wunderschöne Werke von rund 50 der bekanntesten Larvenmacher.

KANNENFELDPARK /// BURGFELDERSTRASSE 70 /// 4055 BASEL ///
WWW.STADTGAERTNEREI.BS.CH ///

VIER METER TROST

Kannenfeldpark

26

Da steht ein halb nackter Kerl hinterm Baum. Nur ein langes Handtuch bedeckt knapp seine Blöße. Ein Unhold ist es nicht. Er lauert niemandem auf, sondern schaut mit beerenblauen Augen und sanftem Lächeln auf die Menschen herab.

Vier Meter hoch ist der freundliche Riese, den Bildhauer Markus Böhmer 1990 unter einer Rosskastanie im Kannenfeldpark errichtet hat. Böhmer schuf keine tumbe Gestalt, keinen Furcht einflößenden Gegner für kampfeslustige Helden. Sein Riese ist einer zum Liebhaben, und deswegen durfte er auch bleiben. Alle anderen Kunstwerke mussten den Park mit Beendigung der Gruppenausstellung *Welt der Mythen* verlassen. Den lächelnden Riesen hatte die Quartiersbevölkerung aber so ins Herz geschlossen, dass sie sich mit einer Unterschriftenaktion für sein Überleben einsetzte. Davon weiß die Gruppe Kinder nichts, die den Riesen gerade entdeckt hat und lachend auf ihn zustürmt. Ihr Spiel mit der Skulptur erinnert uns an die Zeit, als Feen, Zauberer und Riesen noch Platz in unserer eigenen Welt hatten, als das Leben einfach war und wir glauben konnten, alles wird gut. Für einen Augenblick können wir das auch jetzt wieder, können den Ernst des Erwachsenen gegen kindliche Sorglosigkeit tauschen – und lachen. Böhmers Riese ist einer, der Kummer, Alltagssorgen und Trauer lindern kann.

Dass der Tröster an einem Ort steht, an dem einst viel getrauert wurde, verraten die hohe Umfriedungsmauer, der monumentale Parkeingang mit den Standbildern biblischer Propheten und radial angelegte Alleen, die zu einem Rundweg führen. Bis 1932 war hier ein Friedhof. 20 Jahre nach dessen Schließung wurde über der Ruhestätte von 46.000 Toten der Kannenfeldpark angelegt, der mit 8,6 Hektar zu Basels größter Parkanlage wurde – und mit rund 190 Baumarten von Ahorn bis Zeder zu einer der schönsten.

Zum Müßiggehen, Sonnenbaden und Entspannen auch gut geeignet ist der Schützenmattpark mit großer Spielwiese, alten Bäumen und beliebtem Café.

BASLER VERKEHRS-BETRIEBE /// CLARAGRABEN 55 ///
4005 BASEL /// 00 41 / 0 61 / 685 12 12 /// WWW.BVB.CH ///

RESTAURANT BAHNHÖFLI – LES 4 COPAINS /// DAMMSTRASSE 10 ///
4118 RODERSDORF /// 00 41 / 0 61 / 733 70 70 /// WWW.4COPAINS.CH ///

SITZENBLEIBEN

Tram 10

27

Die eisernen Schienen der Erkenntnis sind 25,9 Kilometer lang. Nach 25,9 Kilometern, 40 Haltestellen und rund 60 Minuten Fahrt durch drei Kantone und zwei Länder weiß ich es sicher: Von allen Methoden, viele Menschen gleichzeitig zu befördern, ist eine Fahrt mit der Straßenbahn die angenehmste. Von Endstation zu Endstation lautet das Ziel einer Reise mit dem 10er-Tram. Die Fahrt startet in Dornach im Kanton Solothurn und endet in Rodersdorf im gleichen Kanton, allerdings in einer solothurnischen Exklave, die vom Kanton Basel-Landschaft umschlossen und mit dem Tram nur über eine kurze Fahrt durch Frankreich zu erreichen ist.

Schauen Sie sich in Dornach Kloster und Goetheanum an, freuen Sie sich auf die Spezialitäten des Restaurants Bahnhöfli *Les 4 Copains* in Rodersdorf, aber widerstehen Sie der Versuchung, unterwegs auszusteigen. Gründe dazu gäbe es viele, denn eine der längsten Tramlinien Europas rattert, ruckelt, surrt und kurvt an Kunst-, Kultur-, Natur- und Architektur-Highlights vorbei. Dom und größter englischer Landschaftsgarten der Schweiz in Arlesheim, Museum Schaulager in Münchenstein, Automuseum in Binnigen, Wasserschloss Bottmingen – überall dorthin bringt das Tram der Linie 10 Sie beim nächsten Mal. Für heute aber gilt: Die Fahrt ist das Ziel.

Drinnen hocken keine erlebnishungrigen Touristen, sondern Schweizer in Alltagslaune. Draußen ziehen Dörfer, waldige Hügel und Felder vorbei, dehnen sich Vorortsgemeinden aus, führen hinein nach Basel-Stadt und wieder hinaus – ein Kaleidoskop Schweizer Land- und Ortschaften. Wir mäandern von Station zu Station. Die Veränderungen vor dem Fenster geben der Fahrt ihren Puls und uns die Gewissheit, dass wir ohne Sightseeing-Stress dem touristischen Burn-out entgehen, stattdessen mit einem Gefühl für die Schweiz belohnt werden, das uns ein Museumsbesuch nicht geschenkt hätte.

Basel lässt sich auch auf einer Stadtrundfahrt mit einem Oldtimertram aus den 1920er-Jahren entdecken. www.basel.com www.tramoldtimer-basel.ch

WASSERTURM BRUDERHOLZ /// RESERVOIRSTRASSE 201 ///
4059 BASEL /// WWW.IWB.CH ///

SPEICHER-SCHÖNHEIT

Wasserturm Bruderholz

28

Aussichtstürme sind die Gänseblümchen unter den Ausflugsziele – hübsch, aber Massenware. Wassertürme, die man hochsteigen kann, um ins weite Land zu schauen, gleichen dagegen stolzen Rosen. Ein besonders edles Exemplar ist der Wasserturm am Bruderholz – prachtvolles Monument und Nutzbau zugleich.

Die Pläne der Architekten Ernst und Paul Vischer riefen unter den Anhängern des Neuen Bauens zunächst Protest hervor. Ein technisches Bauwerk sollte deren Meinung nach von einem nüchternen und modernen Stil geprägt sein, getreu dem Prinzip: Form folgt Funktion. Ihr Gegenentwurf setzte sich jedoch nicht durch. So konnte im Jahr 1926 der Turm am Bruderholz in Betrieb gehen, um die Wasserversorgung der Häuser zu sichern, die auf dieser Hügelkuppe liegen. Das ganz in Cremeweiß und Terrakotta gehaltene Innere des Turms lässt den Einfluss des Jugendstils erkennen. Elegante Wandverkleidungen verbergen die Ein- und Ablaufrohre, über die das Wasser nach oben gepumpt wird. Breite Stufen führen zur Turmstube, und von dort windet sich eine eiserne Wendeltreppe durch einen Schacht des oberen Reservoirs bis hoch zum Turmkopf samt Aussichtsplattform. 394 Meter über dem Meer reicht der Blick von dort weit über die oberrheinische Tiefebene, das Sundgauer Hügelland, den Tafeljura, Schwarzwaldberge und das Markgräfler Land.

Schöner Turm und schöne Aussicht – beides sogar zum Sterben schön, befand jedenfalls die 1921 in Basel geborene Studentin Lore Berger. In ihrem autobiografischen Roman *Der barmherzige Hügel. Eine Geschichte gegen Thomas* beschrieb sie die Ängste der Weltkriegsgeneration und die hoffnungslose Liebe einer Frau, die schließlich mit dem Sturz vom Wasserturm auf dem Bruderholz endete. Am 14. August 1943 fügte Lore Berger ihrem Werk noch eine Schlusspointe hinzu. Sie sprang selbst vom Turm und starb auf dem barmherzigen Hügel.

☞ Nach der Turmbesteigung lohnt ein Spaziergang. Die Wiesen rund um den Wasserturm zählen zu den attraktivsten und artenreichsten Grünflächen Basels.

**SCHMOCKI'S OHRWURM OASE /// GÜTERSTRASSE 265 /// 4053 BASEL ///
00 41 / 0 61 / 331 10 11 /// WWW.OHRWURM-OASE.CH ///**

VON ABBA BIS ZAPPA

Schmocki's Ohrwurm Oase

29

Ruhet in Frieden ihr Rillen, hätte es beinahe geheißen. Wäre es nach dem Willen der großen Musikkonzerne gegangen, hätten CDs die Schallplatte längst ausgerottet. Doch die Totgesagte lebt noch immer. Vom Aussterben bedroht sind hingegen all jene, denen die schwarze Scheibe immer noch die Welt bedeutet – Plattenläden. In Zeiten, in denen man sich fast jeden Song im Internet runterladen kann und komprimierte MP3-Formate Hörgewohnheiten und Ansprüche an Musik drastisch verändert haben, schrumpft auch die Zahl der Audiophilen, die in kleinen Plattenläden stöbern, probehören und mit Gleichgesinnten fachsimpeln wollen. Guido Schmocker hält dennoch durch. Seine Vorliebe für Vinyl pflegt er, ohne sich der digitalen Musik zu verschließen.

1995 startete er Schmocki's Ohrwurm Oase – ein Secondhandladen im Basler Gundeldingerquartier, in dem er nicht allein Schallplatten und Singles, sondern auch CDs und DVDs verkauft. Schmockers Sortiment reicht von Funk, Jazz, Klassik, Schlager bis Trip-Hop (was auch immer das sein mag). Mit dieser Bandbreite und mit seinem großen Musikwissen bietet er eine echte Alternative zum einsamen Download am heimischen PC. Seine Oase ist Therapiezentrum für Vinyl-Besessene und Treffpunkt für Nostalgiker wie mich. Meine erste Kinder-Platte *Das Lied der Schlümpfe* hat Guido Schmocker nicht, das erste selbst gekaufte Michael-Jackson-Album aber schon.

»Hast du die? Und die und die auch?« Für manche ist die Platte heute wieder chic und kultig, das Symbol einer Gegenbewegung, die sich gegen Musik als Massenware wendet. Mich erinnert sie an Zeiten, als Musik noch nicht nebenher konsumiert wurde, als das Absenken des Tonarms ein quasi ritueller Akt war und das leise Knistern die Aufmerksamkeit steigerte. Es gibt Kenner, die wetten darauf, dass es die Schallplatte noch im nächsten Jahrhundert geben wird. Wir hoffen mit.

Seit 30 Jahren bleibt auch das Atlantis Records dem Vinyl treu und bietet Neuheiten, Raritäten und Limited Editions. www.atlantisrecords.ch

RHEINBAD BREITE /// ST. ALBAN-RHEINWEG 195 /// 4052 BASEL ///
00 41 / 0 61 / 311 25 75 /// WWW.RHEINBAD-BREITE.CH ///

TRAUT EUCH REIN!

Rheinbad Breite

30

Ein Fluss voller Räppli (Konfetti). Ja, feiern die Basler denn auch im Sommer Fasnacht? Überall in Ufernähe treiben blaue, rote, grüne und orangene Punkte. Was von fern wie bunte Papierschnitzel in XXL-Größe aussieht, entpuppt sich bei näherer Betrachtung als wasserdichte Nylonbeutel. Rheinschwimmer verstauen darin ihre Kleidung, binden sich den Badesack an den Körper und lassen sich stromabwärts treiben. Zugegeben, ein hübsches Accessoire, aber Schwimmen im Rhein? Ich bin am Niederrhein aufgewachsen, und dort wusste man, dass man ein Rheinbad mit drei Tagen Durchfall, Hautreizungen oder einer Mittelohrentzündung büßt. Nun hat sich die Wasserqualität zwar enorm verbessert, aber kann man sich wirklich in einem Fluss amüsieren, wenn man ihn sich mit Frachtern, Fähren und Ausflugsbooten teilen muss?

Die Basler lächeln bei dieser Frage nur milde und empfehlen Skeptikern und Angsthasen wie mir das Rheinbad Breite auf der Grossbasler Uferseite. Hier geht es ruhiger zu als im freien Flussgewässer. Das Badhaus ist eine doppelgeschossige Stahl-Holz-Konstruktion mit Liegeflächen auf beiden Ebenen und einem angeschlossenen Restaurant. 1898 eröffnet, von Badefreunden vor dem Abriss bewahrt und renoviert, ist das Badhysli für mich vor allem ein wunderbarer Ort der Begegnung. Hier trifft man nämlich viele Berufsbadegäste, echte Rheinprofis mit sonnengegerbter Haut und weißen Haaren. Sie haben als Kinder im Rhein schwimmen gelernt und offensichtlich keinen Schaden genommen. Ich vertraue ihren Tipps und weiß nun, wo die besten Einstiegsstellen sind und welche Bereiche man besser meidet. Heute plansche ich noch ein wenig im Rheinbad Breite, aber sobald ich mir auch so einen praktischen Badebeutel gekauft habe, der mir als Schwimmhilfe und als Boje dienen wird, geht es mit der Strömung rheinabwärts, am Münster vorbei Richtung Meer – ganz bestimmt.

☞ Im Winter wird im Rheinbad eine Sauna betrieben. Erst schwitzen, dann abkühlen im Rhein und schließlich in der Ruhejurte entspannen. www.sauna-am-rhy.ch

OBERES ELSASS (HAUT-RHIN)

MULHOUSE UND SUNDGAU

SEVENPIPE – CITÉ DANZAS /// 12 RUE THÉO BACHMANN /// 68300 SAINT-LOUIS /// 00 33 / 07 61 / 50 77 70 /// WWW.SAINT-LOUIS.FR ///

KOLLEKTION DER HOLZKÖPFE

Saint-Louis – Sevenpipe (Cité Danzas)

»Mit diesen Händen?« Die erste Begegnung zwischen Pascal Riss und dem Pfeifenbauer, den er sich als Lehrmeister gesucht hatte, fiel nicht besonders ermutigend aus. Riss' Hände waren frei von Schwielen, Schrammen und Hornhaut, die ihn als ernst zu nehmenden Handwerker hätten ausweisen können. So einer wollte mit über 40 Jahren also noch Pfeifenbauer werden. Riss war hartnäckig, durfte bleiben und ist mittlerweile selbst Mitglied in der Meistervereinigung *Confrérie des Maîtres Pipiers* von Saint-Claude, dem Mekka der französischen Pfeifenbauer.

Das gemütliche Mittelgewicht mit dem Musketier-Schnauzbart erzählt mit Vergnügen von den Anfängen seiner Pfeifenmacher-Karriere. Unzufrieden sei er gewesen mit den Pfeifen, die er als passionierter Raucher gekauft hatte. Darum wollte er es selbst besser machen. Wie, das demonstriert er in seiner Werkstatt. Ein Raum voller Werkbänke und Schränke, der einen verführt, in all die Schubladen, Schachteln und Ablagen zu spähen, in denen Riss Zapfen, Nüsse, Metallteile, Holz- und Kautschukstangen hütet. Nur schemenhaft skizziert Riss seine Idee für ein Pfeifendesign auf ein raues Stück Holz, sägt die Form zuerst grob aus, bevor es ans Schleifen, Feilen und Bohren geht. Riss arbeitet »*freehand*«, ohne Schablonen und Vorlagen. Bloßes Augenmaß genügt für die absolute Symmetrie. Riss ist Perfektionist und Tüftler. Wunderschöne Rauchgeräte und -accessoires hat er entwickelt, so zum Bespiel die exklusiven Tabakstopfer mit integriertem Reiniger.

Als Vertreter eines seltenen Kunsthandwerkes konnte Pascal Riss seine Werkstatt in der *Cité des métiers d'art et rares* eröffnen. Entstanden in den alten Lagerhallen des Transportunternehmens Danzas sollen in 16 Ateliers des Zentrums unter anderem Glas- und Dekorationsmaler, Buchbinder und Holzspielzeugmacher das Know-how seltener Handwerksberufe bewahren.

Regelmäßig präsentieren die Kunsthandwerker ihre Arbeiten im hauseigenen Ausstellungsraum und laden zu Märkten oder Tagen der offenen Tür in die *Cité Danzas*.

FONDATION FERNET BRANCA – L'ESPACE D'ART MODERNE ET CONTEMPORAIN /// 2 RUE DU BALLON /// 68300 SAINT-LOUIS /// 00 33 / 03 89 / 69 10 77 /// WWW.MUSEEFERNETBRANCA.ORG ///

DADAISMUS STATT DESTILLERIE

Saint-Louis – Fondation Fernet Branca

32

Über einen Zusammenhang zwischen Verdauungsförderung und zeitgenössischer Kunst habe ich bislang nicht nachgedacht, obwohl es ja durchaus Menschen gibt, die glauben, moderne Werke lägen ihnen schwer im Magen. Das wäre dann eine Geschmacksfrage und nicht zu ändern, sollte man meinen. Dem ist aber nicht so. Wer um Dadaisten, Surrealisten und klassische Moderne bisher einen großen Bogen machte, sollte sich trauen, in Saint-Louis den *Espace d'Art Moderne et Contemporain* zu besuchen. Dort kennt man sich sowohl in Verdauungs- als auch in Kunstfragen bestens aus. Wie das kommt?

Fast 100 Jahre lang wurde im Ausstellungsgebäude Magenbitter der Marke Fernet-Branca hergestellt. 300.000 Flaschen des traditionsreichen Kräuterlikörs wurden jährlich in Saint-Louis abgefüllt. Mit der Produktion der würzigen Magenmedizin war im Jahr 2000 Schluss. Was tun mit der Spirituosenfabrik, die 1907 im Art-déco-Stil errichtet worden war und mittlerweile den Status eines historischen Baudenkmals erhalten hatte? Daraus ein Museum zu machen, war ganz und gar keine Schnapsidee. Der Pariser Architekt und Designer Jean-Michel Wilmotte verwandelte die Destillerie sehr behutsam und veränderte nichts am industriellen Charakter der Anlage. Auf einer Fläche von rund 1.300 Quadratmetern bieten die riesigen Hallen von einst neuer Kunst einen Platz. Aus der kühlen und funktionalen Fabrikatmosphäre treten die Kunstobjekte besonders deutlich und ohne jegliche Ablenkung hervor.

Ebenfalls unangetastet blieb das Markenzeichen der Firma Fernet-Branca – der Kupferadler auf dem Dach. Unübersehbar landet er dort mit ausgebreiteten Schwingen auf einer Weltkugel, in seinen Fängen immer noch eine Flasche seines ehemaligen Arbeitgebers. Er erinnert an alte Zeiten, wirbt aber nun für den Kulturraum mit seinen wechselnden Ausstellungen und verbindet so Geschichte mit Gegenwartskunst.

Von guten Umnutzungsideen profitierte auch ein marodes Fachwerkhaus. Nach Renovierung zog das *Café Littéraire* samt Galerie und Kellerbühne ein. www.saint-louis.fr

LA PETITE CAMARGUE ALSACIENNE /// 1 RUE DE LA PISCICULTURE ///
68300 SAINT-LOUIS /// 00 33 / 03 89 / 89 78 50 ///
WWW.PETITECAMARGUEALSACIENNE.COM ///

LIBELLEN-PAPARAZZI

Saint-Louis – Petite Camargue Alsacienne

33

Erinnern Sie sich noch an den tollpatschigen Schmetterlingsjäger Lord Castlepool aus den Karl-May-Filmen? Wer einer modernen Variante dieses Hobby-Naturkundlers begegnen möchte, hat in der *Petite Camargue Alsacienne* gute Chancen, fündig zu werden. Mit Fernrohr und Kamera im Anschlag und beigefarbener Tropenkappe auf dem Kopf verschanzt er sich in den Beobachtungsständen des Naturreservats. Mit 900 Hektar bieten ihm die Überreste des einstigen Urwalds am Rhein ideale Bedingungen für seine Feldstudien. »Calopteryx splendens«, flüstert er gerade, als gäbe er den geheimen Code zu einem Tresor preis. Ich nicke, denn seine Bewunderung für die Schönheit des Wesens vor uns muss ich einfach teilen.

»Calopteryx splendens« ist der wissenschaftliche Name der Gebänderten Prachtlibelle, eine von mehr als 40 Libellenarten, die in der *Petite Camargue Alsacienne* leben. Im Takt meines Atems öffnet das Männchen seine metallisch schimmernden blaugrünen Flügel, und ich? Ich greife zur Kamera. In den nächsten Stunden fülle ich zwei Speicherkarten mit Aufnahmen von Libellen, deren Namen ich daheim erst nachschlagen muss: Große und Kleine Pechlibelle, Feuerlibelle, Weidenjungfer, Gemeine Winterlibelle, Hufeisen-Azurjungfer, Sumpf-Heidelibelle und Blaue Federlibelle. Für sie sind die Auwälder, Altrheinarme, Feuchtwiesen, Weiher und Schilfröhrichte des Reservats der perfekte Lebensraum, ebenso wie für Frösche, Eidechsen, Eisvögel, Spechte, Nachtigallen, Orchideen, Sumpf-Gladiolen und Wasserfenchel.

Am späten Nachmittag taucht plötzlich eine Herde schottischer Hochlandrinder auf. Sie imponieren mit gewaltigen Hörnern auf mächtigen Schädeln und stolzem Blick, ich aber habe gerade nur Augen für zarte, bunte Flieger. Als nächstes muss ich mir unbedingt ein Fernrohr, einen beigefarbenen Tropenhut und ein Bestimmungsbuch der Libellenarten kaufen.

Das Natur- und Umweltschutz-Zentrum CINE bietet ein ganzjähriges Programm mit wissenschaftlichen Vorträgen und Führungen durch die Petite Camargue Alsacienne.

LE-CORBUSIER-SCHLEUSE /// ZWISCHEN KEMBS UND NIFFER,
NAHE D 468 /// 68680 KEMBS /// WWW.TOURISME-ALSACE.COM ///

ZUM VERWECHSELN UNÄHNLICH

Kembs – Le-Corbusier-Schleuse

34

Was ist das schlimmere Schicksal für einen Stararchitekten – vergessen oder verwechselt zu werden? Bei Kembs-Niffer steht das einzige Bauwerk von Le Corbusier im Elsass, doch kaum einer scheint das zu wissen. Eine Schleuse als Verbindung zwischen dem Rheinseiten- und dem Rhein-Rhône-Kanal stammt vom schweizerisch-französischen Architekten, der als einer der bedeutendsten Baumeister des 20. Jahrhunderts gilt. Sein Ruf scheint in Kembs jedoch baden gegangen zu sein. Dutzende Radfahrer haben meine Frage nach der Schleuse bereits mit Kopfschütteln beantwortet. Nur einer kommt ins Grübeln: »Wer soll die gebaut haben? Aber na klar!« Die Schleuse, zu der er mich schickt, erinnert an einen umgedrehten Schiffsbug inklusive Bullaugen. Viel roher Beton wurde hier verbaut. Das passt zu Le Corbusier, doch ein Hinweis auf den berühmten Architekten findet sich nirgends.

Auf dem Weg nach Kembs kommen wir an weiteren Schleusenmauern und -toren vorbei. Le Corbusier? Ja! Eine Tafel bestätigt, dass die 1962 eingeweihte Anlage von ihm entworfen wurde. Mit 72 Jahren hatte er den Auftrag für die Schleuse angenommen. Keine allzu große Herausforderung für einen, der noch kurz zuvor an einer ganzen Stadt in Indien gearbeitet hatte. Dem Elsass hinterließ Le Corbusier durch und durch unauffällige Zweckbauten. Aus zwei diagonal entgegengedrehten Würfeln setzte er den Kontrollturm der Schleuse zusammen. Eine Außentreppe führt zu einer verglasten Plattform, die den Blick über beide Kanäle freigibt, selbst aber kaum noch eines Blickes gewürdigt wird.

Vergessen, verwechselt und mittlerweile nicht mal mehr gebraucht, denn seit 1995 ersetzt die neue Schleuse mit der Schiffbug-Form den Corbusier-Bau. Verdient hat er das nicht. Also: Entdecken Sie die Rheinebene radelnd und besuchen Sie das vielleicht bescheidenste, sicherlich aber unbekannteste Werk von Le Corbusier.

Radvergnügen Rhein. Alles über das grenzüberschreitende Radwegenetz und die 1.000 Dinge, die es zu entdecken gibt, finden Sie unter www.2ufer3bruecken.eu

RESTAURANT LA COURONNE /// 9 RUE STEINSOULTZ ///
68130 CARSPACH /// 00 33 / 03 89 / 40 93 09 ///
WWW.RESTAURANT-COURONNE.FR ///

AUBERGE DES FRANCISCAINS /// 46 RUE DES FRANCISCAINS ///
68100 MULHOUSE /// 00 33 / 03 89 / 45 32 77 ///
WWW.AUBERGE-DES-FRANCISCAINS.COM ///

NACH SCHÄFERIN-ART

Carpe frite

4/11

Denken Sie beim Stichwort Karpfen an den Badewannen-Besetzer, der Ihnen als traditionelle Silvesterspeise mit muffig-strohigem Geschmack den Start ins neue Jahr vermieste? Nach dem Lesen dieses Textes werden Sie zukünftig auch an eine Schäferin und deren Schwiegervater denken und bestenfalls sogar ordentlich Appetit auf Karpfen bekommen.

Im Sundgau hat die Karpfenzucht Tradition. Im Mittelalter sahen die christlichen Speisegebote weit über 100 fleischlose Fastentage vor, und Mönche und Nonnen züchteten in den Teichen ihrer Klöster Fische als Fleischersatz. Im südlichen Elsass wurde der Karpfen vor allem durch die Zisterzienser der Abtei Lucelle verbreitet. Zu Ruhm brachte es der Fisch aber erst durch eine Romanze. Der Sohn des Grafen von Ferrette verliebte sich in eine Schäferin aus Liebsdorf. Ihr Herz gewann er mit einem Gedicht. Der väterliche Segen zur Hochzeit mit einer Bürgerlichen war schwerer zu bekommen. Weil die Schäferin aber auch eine gute Köchin war, buk sie dem Grafen goldgelbe Karpfen. Auf diese kulinarische Tour wurde *Carpe frite* zum Ersatz für Mitgift und Adelstitel und die Schäferin zu Schwiegervaters Liebling.

»Kann kein Gourmet gewesen sein«, denken nun alle, die nur die Kirmesbuden-Variante von frittiertem Fisch kennen, ein fetttriefender Klumpen im Pappbrötchen. Im Sundgau, liebe Skeptiker, liegt die Sache anders. Hier läuft der Karpfen zur lukullischen Hochform auf. Gerade geschlachtet, wahlweise in dünne Streifen oder dicke Scheiben geschnitten, in Bierteig gewendet und schließlich in siedendem Fett gebraten, kommt der knusprige Karpfen noch brutzelnd mit hausgemachter Mayonnaise, Zitronen, Kartoffeln und Salat auf den Tisch. Jetzt bleiben Ihnen zwei Möglichkeiten: Entweder Sie verzichten Ende Dezember mal wieder einige Tage auf Wannenbäder oder Sie feiern Silvester im Sundgau.

☞ Entlang der Karpfenstraßen, *Routes de la Carpe Frite*, servieren rund 30 Gastronomen die kulinarische Spezialität des Sundgaus. www.carpe-frite.fr

SCHWEISSDISSI PARC DU TIVOLI /// BOULEVARD LÉON GAMBETTA /// 68100 MULHOUSE /// WWW.TOURISME-ALSACE.COM ///

GESÄSS DES ANSTOSSES

Mulhouse – Schweissdissi

35

Mit einem Rücken, der entzücken kann, hätten die tugendhaften Bürger von Mulhouse vermutlich kein Problem gehabt. Ein blanker Allerwertester amüsierte sie hingegen wenig, und so muss sich der Po heute hinter Hecken verstecken. Unter diese müsste ich kriechen, wollte ich einen Blick auf das Hinterteil des Schweissdissis wagen. Fürs Erste soll mir die imposante Vorderfront der Statue genügen.

5,60 Meter misst das muskulöse Mannsbild aus Bronze. Mit seinen lockigen Haaren und dem knappen Lendenschurz könnte er glatt als griechischer Götterliebling durchgehen. Allein der buschige Schnauzbart stört, der war in der Antike noch nicht Mode. In der einen Hand hält der Schweissdissi den langen Stiel einer Hacke, mit der anderen wischt er sich den Schweiß von der Stirn. Heldenhafte Ritter, tapfere Jungfrauen und Gelehrte in Denkerpose mögen die Wahrzeichen anderer Städte sein, Mulhouse aber ist auch bekannt als das elsässische Manchester oder die Stadt der 100 Schornsteine. Was passte also besser zu ihrer industriellen Tradition als das Standbild eines erschöpften Arbeiters? Das dachte sich auch der sozialistische Bürgermeister Émile Kayser, als er den »schwitzenden Kerl« 1906 als Hommage an das Proletariat auf der *Place de la Réunion* errichten ließ. Mit der Empfindsamkeit seiner Bürger hatte er allerdings nicht gerechnet. Wie man die Statue nämlich auch drehte, ihr nacktes Gesäß provozierte entweder die Kirchgänger von Saint-Étienne oder die Beamten des Rathauses.

So kam es, dass Mulhouse mit vielen Technikmuseen an seine industrielle Blütezeit erinnert, das Arbeiterstandbild aber aus seinem Zentrum verbannte. Es steht nun am Eingang zum Parc du Tivoli, im Villenviertel der Stadt. Kein schlechter Standort, denn hier kann er die Reichen daran erinnern, wer ihnen im Schweiße seines Angesichts zu ihrem Wohlstand verholfen hat.

Das *Musée de l'Impression sur Étoffes* (Stoffdruckmuseum) erzählt die Geschichte von Textilindustrie, Technik und Mode in Mulhouse. www.musee-impression.com

PISCINE PIERRE ET MARIE CURIE /// 7 RUE PIERRE ET MARIE CURIE ///
68200 MULHOUSE /// 00 33 / 03 89 / 32 69 00 ///
WWW.MULHOUSE-ALSACE.FR ///

ALS DACKEL NOCH DURFTEN

Mulhouse – Piscine Pierre et Marie Curie

36

Auch im Elsass fühlt sich das Wetter zu nichts verpflichtet, schon gar nicht, wenn der Sommer vorbei ist. Vor Regen und Kälte fliehen auch Franzosen gern in Sauna und Schwimmbad. Das *Piscine Pierre et Marie Curie* in Mulhouse muss jedoch all jene enttäuschen, die protzige Rutschenparadiese mit Palmen und künstlichem Wellengang erwarten. »*Bains municipaux*« – »kommunale Bäder« steht in großen grauen Lettern über dem Eingangsportal. Die breite Treppe, Säulen, kunstvolle Fassadenfiguren und hohe Rundbogenfenster lassen aber ahnen, dass es im Innern nicht so schlicht und bescheiden wie in gewöhnlichen Stadtbädern zugehen wird.

Als im 19. Jahrhundert Bäder- und Wassertherapien schwer in Mode kamen, beschloss auch die Stadt Mulhouse die Errichtung eines Wasserpalastes im Art-déco-Stil und beauftragte Architekt Marcel Baumeister mit den Entwürfen. 1911 wurde mit dem Bau begonnen, doch der Erste Weltkrieg verzögerte die Arbeiten. Der Betrieb konnte erst 1925 aufgenommen werden und Mulhouse sich damit rühmen, das modernste Bad Frankreichs zu besitzen. Zu den Besonderheiten zählte das Römische Bad mit verschieden temperierten Warm- und Kaltwasserbecken und ein Hundebad, in dem die Vierbeiner ordentlich geschrubbt und gebürstet werden konnten.

Hunde bleiben heute daheim, viel verändert hat sich ansonsten nicht. Die Jugendstilfenster von Joseph Ehrismann und schmiedeeiserne Treppengeländer geleiten Besucher vom Eingangs- in den Badebereich. Die Schwimmbecken liegen in schneeköniginnenweißen Hallen, umrankt von Galerien und bogenförmigen Fenstern, durch die das Tageslicht das Wasser südseefarben leuchten lässt. Auch die Römischen Bäder mit Sauna, Dampfbad, Kalt- und Warmwasserbecken sind noch da samt originaler Messingarmaturen und einer von Säulen getragenen Sternenkuppel. Schöner kann man in Mulhouse nicht baden gehen.

Ganz in der Nähe des Schwimmbades bewirtet das Restaurant *Le Petit Sot l'y Laisse* seine Gäste mit traditionell elsässischer Küche, *24 Rue Schlumberger*, www.restaurant-mulhouse.com.

MARKTTAGE: DIENSTAG, DONNERSTAG UND SAMSTAG ///
MARCHÉ DU CANAL COUVERT /// 26 QUAI DE LA CLOCHE ///
68200 MULHOUSE /// 00 33 / 03 89 / 42 33 02 ///
WWW.MARCHEDEMULHOUSE.COM ///

TAUSENDUNDEIN FRÜCHTCHEN

Mulhouse – Marché du Canal Couvert

Hosensaum auslassen, Ärmelknopf annähen, Innenfutter flicken, Djellaba, Kaftan oder Röcke kürzen – wird alles erledigt im pinkfarbenen Zwei-Frau-Zelt. »*Couture mobile*« – »mobile Schneiderei« steht über dem Eingang. Das Innere füllen zwei füllige Damen, die ihre Nähmaschinen rattern lassen und zwischendurch an Gläsern mit Minztee nippen. Ihr Zelt haben sie im Textilbereich des *Marché du Canal Couvert* aufgeschlagen. Die frische Pfefferminze kommt aus der zweiten, ebenfalls im Freien liegenden Marktzone. Nicht mit der Hand, mit dem ganzen Arm langt eine Kundin dort gerade in die Koriander-, Zinnkraut-, Dill- und Petersilienwälder, nimmt prüfend Auberginen und Okras in die Hand, kostet von Datteln und Weintrauben und hätte beinahe den Knoblauch vergessen, der sich zu kleinen Pyramiden stapelt. Von ihr würde man sich gern zum Essen einladen lassen.

Sie zieht weiter über den größten Markt Ostfrankreichs, der an über 300 Ständen Länderspezialitäten aus dem Maghreb, aus Italien, Portugal, Griechenland, Asien und aus dem Elsass bietet. Eine hennageschmückte Hand reicht Zucchiniblüten und Süßholz. Männer mit gestrickten Gebetskappen begrüßen sich in kehligem Arabisch. Und während französische Händler Basler Kunden ihren Kohl anpreisen, liest die Nase weiter in der Speisekarte des Marktes und führt einen in die Markthalle zu Holzofenbroten, zu Kutteln und Fleischnackas der elsässischen Metzger, zu hausgemachter Marmelade, zu Seefisch und Muscheln, zu Pasta, Pralinen, Oliven und Oktopus oder zu Gewürzen. Die Käseauswahl ist derart sensationell, dass die Kunden an einem Stand sogar Nummern ziehen und sich in die Warteschlange einreihen müssen – hier liegt der disziplinierte Okzident. Den Orient legt einem dann wieder der orientalischen Bäcker mit zuckersudtriefenden Blätterteigschnitten, Feigenkonfekt und Mandelmus-Hörnchen auf die Zunge.

Im ersten Stock der Halle genießt man von der Empore des Restaurants *Aux Halles* bei traditionell elsässischer Küche einen schönen Blick aufs Markttreiben.

DIE MONROE VON MULHOUSE

Fassadenkunst

Wandbilder – schon als Höhlenmalerei waren sie Nachrichtenbörse, Lehrwerk und Kultsymbol. Später dienten sie der reinen Zierde, aber auch der Propaganda und dem Protest. In Mulhouse spiegeln Mauergemälde die Seele der Stadt. Aus rund 100 Fassadenkunstwerken entstand dort eine Open-Air-Galerie der gemalten Geschichte, die dem Betrachter einiges über die zweitgrößte Stadt des Elsass erzählt. Zum Beispiel über die Technik des schönen Scheins, die Mulhouse in langer Tradition pflegt. Na, wer wird denn da gleich an Lug und Trug und Trickserei in Politik und Wirtschaft denken? Mulhouse täuscht bloß das Auge.

Trompe-l'Œil nennt sich die Kunstgattung, die dreidimensionale Räumlichkeit vorgaukelt, wo nur flache Fassaden sind. Die ganz in Rot und Gold gehaltenen Mauern des alten Rathauses auf der *Place de la Réunion* sollen sogar schon Tauben genarrt haben, die sich auf den aufgemalten Fenstersimsen, Säulen und Statuen niederlassen wollten. Fast jede Fuge und der ganze Stuck – alles Illusion. Vollkommen wahr hingegen ist die Geschichte der eidgenössischen Elsässer, von der uns die Wappen an der Rathauswand berichten. Neben dem Mühlrad als Symbol für Mulhouse sind da auch der Berner Bär, der schwarze Baselstab und der Stier von Uri zu sehen. Im Jahr 1515 verbündete sich Mülhausen, wie die Stadt damals noch hieß, mit den Schweizer Kantonen und stand als sogenannter »zugewandter Ort« unter dem Schutz der Eidgenossenschaft. Wäre es nach Mathieu Mieg gegangen, hätte das auch ruhig so bleiben können. Der Redakteur aus Mülhausen setzte sich vehement dafür ein, dass seine Stadt eine Schweizer Insel inmitten des französischen Staates bleiben sollte. Als Zeichen seiner Bündnistreue malte Mieg den Schweizer Helden Arnold von Winkelried auf die Fassade seines Hauses, das dem Rathaus schräg gegenübersteht. Winkelried soll sich in der Schlacht von Sempach selbst geopfert und den Schweizern so den Sieg ermöglicht haben. Mülhausen jedoch ging den Eidgenossen verloren und wurde zu Mulhouse. 1798 entschieden sich die Bürger für einen Anschluss an Frankreich. Zum 200-jährigen Jubiläum hat Daniel Dyminski die Vereinigungsfeier in seinem haushohen Fassadenfresko *Bicentenaire* an der *Rue Jacques Preiss* in blau-weiß-roten Farben festgehalten.

Der ersten als Französin geborenen Einwohnerin von Mulhouse, Henriette Reber, begegnen wir an der *Cour des Chaînes*. Aus aufgemalten Fenstern blicken dort Personen, welche die Stadtgeschichte besonders prägten. Der in Mülhausen geborene Alfred Dreyfus, der zu Unrecht wegen Landesverrat verurteilt und auf die Teufelsinsel verbannt wurde, hat hier ebenso seinen Platz wie die Gründer der ersten Stoffdruckfabrik der Stadt: Samuel Koechlin, Jean-Jacques Schmalzer und Jean-Henri Dollfus.

Mit ihnen begann Mulhouse' Aufstieg zu einem der ersten großen Textilzentren Europas. Die Industrie- und Handelskammer Südelsass und Mulhouse erinnert mit einem rund 36 Meter langen Mauerbild in der *Rue de Lorraine* an die Wirtschaftsgeschichte der Stadt, beginnend beim Weinbau im Sundgau über Textil- und Chemiefabriken bis zur Maschinen- und Automobilproduktion. Ob Industriegesellschaften mit Forschung und Fortschritt vielleicht die Büchse der Pandora öffnen? Diese Frage lässt sich aus dem schwarz-weißen Monumentalgemälde herauslesen, das eine Wand der ehemaligen Fachhochschule für Chemie bedeckt. In weißen Kitteln, aber mit Punkfrisuren und dunklen Sonnenbrillen steht da ein Paar in einem XXL-Labor, besser gesagt in einer Kathedrale der Wissenschaft, nicht wissend, ob in ihren Reagenzgläsern Teufelszeug gärt oder segensreiche Stoffe. Zum Geschichtsbilderbuch der Stadt gehören außerdem ein aufgeweckter Kommunalpolitiker und nackte Sportler. Den Ersteren findet man auf einem Bild am Bollwerkturm. Es zeigt den Bürgermeister Ulrich von Dornach, der im Jahre 1395 fluchtartig sein Bett verließ und im Nachthemd losritt, um seine Stadt mit lauten »Fürio«-Rufen vor einem bevorstehenden Angriff zu warnen. Von einem Sieg künden hingegen die nackten Männer, die auf Stelzen über eine Häuserwand an der *Place Lucien*

Dreyfus staksen. Laut Legende zogen diese Stelzenläufer 1945 gemeinsam mit den alliierten Truppen in Mulhouse ein, nachdem die Stadt von den deutschen Besatzern befreit worden war.

Zu meinen Fassadenfavoriten gehört die Scheinarchitektur in der *Rue Lambert*. Ganz im Stil des Trompe-l'Œil hat die Künstlergruppe *Cité de la Création* dort mit Perspektiven gespielt. Nichts ist real, nicht das Fachwerkhaus, nicht der gläserne Vorbau, in dem ein Mann in einer Telefonzelle steht, und auch nicht die Einfahrt zur Feuerwehrkaserne – alles nur eine Frage des Blickwinkels, alles nur Zauberei mit Farbe und Pinsel. Passend, dass Christian Geiger eines seiner Werke *Abracadabra* genannt hat und mit seiner magischen Malerei sogar Marylin Monroe auftauchen lässt. Fast könnte man die Blondine für echt halten, die vom geöffneten Fenster auf die *Avenue du Président Kennedy* schaut. Die Dame im blauen Kostüm, die ein Stockwerk über der Monroe auf einem Mauervorsprung sitzt, oder der Herr, der mit aufgespanntem Regenschirm unter dem Giebel spaziert, verwirren den Betrachte nämlich viel mehr.

☞ Wer die Welt der Wandgemälde von Mulhouse entdecken möchte, kann sich von Greetern begleiten lassen. Greeter sind keine Fremdenführer, sondern Einwohner von Mulhouse, die auf sehr persönliche Art über die unterschiedlichsten Themen der Stadtgeschichte berichten können. www.greeters-mulhouse.com

WEIT ÜBER 100 STRASSEN TRAGEN IN MULHOUSE BEREITS ZWEISPRACHIGE SCHILDER.

WWW.PLAQUESBILINGUES.FR ///

VOM MILCHSUPPENÀCKER ZUM HIEHNERWINKEL

Mulhouse – Zweisprachige Straßenschilder

38

Nun muss ich ein bisschen mogeln. Ich werde Ihnen an dieser Stelle keinen einzelnen Lieblingsplatz vorstellen. Es sind auch nicht zwei oder drei, sondern über 100 Orte, die noch dazu kreuz und quer über das Stadtgebiet verteilt liegen. Ich muss das tun. Andernfalls könnte ich Ihnen nicht die Geschichten vom süßen Winkel und der Bärendreck-Baumwolle erzählen.

1991 begann die Stadt Mulhouse damit, zweisprachige Straßenschilder anzubringen, um die französisch-deutsche Kultur der Region stärker zu betonen und um ihren Dialekt, das Milhüserditsch (Mülhauserdeutsch) im Alltag wieder sichtbar zu machen. Seitdem gilt: ein Schild, zwei Sprachen, eine Mundart-Lektion und eine neue Stadtgeschichte. Da zeigen uns Tafeln, wo einst welches Handwerk zu finden war (*Rue des Tanneurs* – Gàrwergass oder *Place des Tonneliers* – Fassbinderplatz) oder sie beschreiben den früheren Straßenzustand (*Rue de la Lanterne* – Finster Gàsslà). Andere geben Rätsel auf: Wohnten in der *Rue des Bonnes Gens* – Güàtàlitstross nur gute Leute? Was hat es mit dem Milchsuppenàcker auf sich, und ist Baradrackgarta wirklich die wörtliche Übersetzung von *Parc de la Cotonnière* (Baumwollgarten)? Nein. Baradrack bedeutet Bärendreck, gemeint ist Lakritze. Die Einheimischen gaben der Baumwolle den Spitznamen Bärendreck, weil der Leiter der hiesigen Baumwollfabrik seinen Arbeitern zur Stimulierung ein mit Süßholz aromatisiertes Getränk gab.

Und was verbirgt sich wohl in der *Rue de la Bonbonnière* – Siàss Winkel? Um 1500 wurde diese Passage wegen der Nähe zum Franziskanerkloster noch »in dem Gässelin by den Barfüssern« genannt. Einige Jahre später tauchte bereits der Name *Rue des Dames* – Frauengässlein auf, umgangssprachlich besser bekannt als »Im süßen Winkel« oder Rue de la Bonbonnière. Der Grund war kein Chocolatier, keine Confiserie, sondern ein Bordell im Haus Nummer 5.

Lust auf noch mehr Dialekt? Das *Théâtre Alsacien de Mulhouse* (TAM), *41 Rue de la Sinne*, pflegt das Elsässische Volkstheater. www.jds.fr

CHOUCROUTERIE CLAUDE /// 1 RUE D'ALSACE ///
68210 CHAVANNES SUR L'ÉTANG /// 00 33 / 03 89 / 25 21 96 ///
WWW.SUNDGAU-SUDALSACE.FR ///

KRAUT GUT, ALLES GUT

Sürkrüt / Choucroute

5/11

Sauerkraut – dieser Haufen weißgelber Strähnen war in meiner Familie früher regelmäßig Garant für Knatsch beim Mittagessen. Meine Eltern lieben die Säure, die den Gaumen reizt und dicke Falten in ihn ätzt. Ich ignorierte selbst das milde, in Apfelsaft gekochte Kraut und musste mir ein ums andere Mal die Wilhelm-Busch-Story von der Witwe Bolte anhören, die ihren Sauerkohl in rauen Mengen im Keller lagerte – »Wofür sie besonders schwärmt, wenn er wieder aufgewärmt.« Für mich hieß das: Was mittags nicht gegessen wurde, kam abends wieder auf den Tisch. Ein freudiges Wiedersehen war das nie. Es gab kein Entrinnen vor diesem scheinbar deutschesten aller deutschen Gerichte.

Sauerkraut sei so urdeutsch wie Bratwurst und Eisbein, behauptete meine Oma und befand sich mit dieser Annahme in bester Gesellschaft. Ludwig Uhland dichtete: »Auch unser edles Sauerkraut, wir sollen's nicht vergessen, ein Deutscher hat's zuerst gebaut, drum ist's ein deutsches Essen.« Selbst Ludwig Börne und Heinrich Heine priesen es als deutsches Nationalgericht. Aus mir wurde nie eine Kraut-Patriotin. Offenbar zu Recht, denn das Sauerkraut soll traditionell gar nicht aus Deutschland, sondern aus dem Elsass stammen. Griechen, Römer und Chinesen aßen bereits gesäuerten Kohl. Mongolen brachten ihn nach Europa, und von mir aus auch den Elsässern als erstes. Damit wäre Deutschland raus aus der Nationalgerichtnummer und ich kann hoffen, dass unsere elsässischen Nachbarn aus ordinärem Kappes ein Gourmetgericht kreiert haben.

Sürkrüt (Elsässisch) oder *Choucroute* (Französisch) kommt jedoch meist als Sauerkrautberg daher, beladen mit Würsten, Speck, Schweinerippen und Pökelfleisch. Meine Rettung aber heißt *Choucroute de poisson*. Crème fraîche, Riesling, Kartoffeln, Hecht, Zander und Lachs verhindern, dass ich der Sürkrüt-Gemeinde vollends verloren gehe. Merci Alsace!

Die Choucrouterie Claude produziert echtes Sundgauer Sauerkraut. Führungen durch den 1961 gegründeten Familienbetrieb sind nach Voranmeldung möglich.

JUNGFRAU-BRUNNEN /// PLACE DE LA RÉPUBLIQUE ///
68130 ALTKIRCH /// WWW.SUNDGAU-SUDALSACE.FR ///

LASS LEUCHTEN, MARIA!

Altkirch – Jungfrau-Brunnen

39

Fast jeder Besucher Altkirchs fotografiert ihn – den Brunnen auf der *Place de la République*. Er macht sich ja auch wirklich gut mit den Wasser speienden Chimären und dem spitzen Türmchen, in dem sich eine Frauenstatue verbirgt. Das schmucke Rathaus liefert zudem noch einen überaus pittoresken Hintergrund. Liebe Fotografen, ihr verpixelt da nicht bloß ein hübsches Motiv, sondern einen Erzähler von Legenden und Stadtgeschichten, die zusammen einen ganzen Mittelalterroman ergäben.

Dabei begann alles recht unspektakulär. An eben jener Stelle, auf der heute der Brunnen steht, ließ der Graf von Ferrette im Jahr 1215 eine Kirche bauen, die 630 Jahre später wegen starker Baufälligkeit abgerissen werden musste. Vor der Zerstörung gerettet wurden ein gotisches Glockentürmchen und eine Statue der Jungfrau Maria. Beide Elemente wurden in den neuen Brunnen integriert, der 1857 errichtet wurde.

Mit der Frage, warum denn von all dem Kircheninventar die Jungfrau-Figur erhalten blieb, beginnt der spannende Teil der Story, und der Name Enguerrand VII. taucht auf. Der war Sohn der Katharina von Österreich und hatte von seiner Mutter Besitzungen im Elsass geerbt, die ihm seine habsburgischen Vettern jedoch streitig machten. Zur Durchsetzung seiner Ansprüche zog er in den Krieg und ließ seine Söldner elsässische Klöster und Dörfer plündern und verwüsten. Auch vor Altkirchs Toren standen sie. Um Hilfe flehend, beteten die Bürger zur Schutzpatronin ihrer Stadt, und bei der, Sie ahnen es, handelte es sich um die heilige Jungfrau. Die ließ die Bitten nicht unerhört und sandte in der Nacht ein Strahlen und Leuchten vom Himmel, das die Angreifer blendete und in die Flucht schlug. In Erinnerung an dieses Wunder von Altkirch schufen die Brüder Laurent aus Nancy die Marienstatue, die heute vermutlich zu den meistfotografierten Objekten der Stadt gehört.

Noch ein Mix aus verschiedenen Bauepochen in Altkirch: Das Tor von Belfort wurde 1560 errichtet und im 18. Jahrhundert durch einen Fachwerkbau erweitert.

KIRCHE UND FRIEDHOF SAINT MORAND /// RUE DE SAINT-MORAND /// 68130 ALTKIRCH ///

EIN APOSTEL WIE ASPIRIN

Altkirch – Kirche und Friedhof Saint Morand

40

Mittelalterliche Stellenanzeigen für Mönche hätten vermutlich folgende Sozialkompetenzen gelistet: Stressresistenz, Engagement, Empathie, Bescheidenheit, Kommunikationsfähigkeit, Mobilität und Charisma. Benediktinermönch Morandus erfüllte all diese Ansprüche, wurde im Jahr 1106 aber vor allem wegen seiner hervorragenden Deutsch- und Französischkenntnisse ins Kloster nach Altkirch versetzt. Dort entwickelte sich der aufopferungsvolle Seelsorger schnell zum beliebten Berater, Beichtvater, Bekehrer und sogar zum Heiler. Die begeisterten Menschen im südlichen Elsass gaben Morandus den Beinamen »Apostel des Sundgaus«.

Nach seinem Tod heilig gesprochen, wurde Morandus' Grab in der Altkircher Klosterkirche zur Wallfahrtsstätte. Zahllose Wunder seien dort geschehen, Gebete erhört und Krankheiten geheilt worden. Die Chance auf Heilung lässt sich steigern: Durch zwei Löcher in der Sandsteinplatte unter Morandus' Sarkophag können Kranke ihre Gliedmaßen oder den Kopf stecken, denn besonders wirksam sollen die Heiligengebeine gegen schmerzende Schädel sein. Beachtlich, denn den eigenen Kopf hat Morandus nicht beisammen halten können. Ein Teil wanderte als Reliquie bis in den Wiener Stephansdom.

Ganz und gar kopflos zeigt sich die Jesusstatue auf dem alten Friedhof neben der Kirche. 1877 stillgelegt, sind viele seiner Grabmale, Skulpturen und Epitaphien als Sammlung von Steinwerken erhalten geblieben. Ihre Inschriften erzählen Geschichten, Geschichten von »gewesten Ehefrauen«, von ehemaligen Postmeistern, Müllern und Freimaurern und von Elizabeth Glieg, die 1595 im Alter von nur neun Wochen starb. Vor Hunderten Jahren gemeißelt und bis heute immer wieder gelesen, spannen diese Inschriften ein Netz durch die Zeit. Seit heute sind die Namen der Toten für uns nur noch eine Erinnerung entfernt, eine Erinnerung an unseren Nachmittag in Altkirch.

Noch mehr Geschichten über Leben und Sitten im Sundgau erzählen die Sammlungen des Altkircher *Musée Sundgauvien* in der *1 Rue de l'Hôtel de Ville*.

AUBERGE ET HOSTELLERIE PAYSANNE /// 1 ET 8 RUE DE WOLSCHWILLER /// 68480 /// LUTTER /// 00 33 / 03 89 / 40 71 67 /// WWW.AUBERGE-HOSTELLERIE-PAYSANNE.COM ///